EL BARCO
DE VAPOR

3333

Ricardo Gómez

Ilustraciones de David Navarro

sm

www.
literaturasm
.com

Primera edición: enero de 2006
Decimoctava edición: abril de 2015

Edición ejecutiva: Paloma Jover
Coordinación editorial: Gabriel Brandariz
Revisión editorial: Carolina Pérez
Coordinación gráfica: Lara Peces

Impresores, 2
Parque Empresarial Prado del Espino
28660 Boadilla del Monte (Madrid)
www.grupo-sm.com

ATENCIÓN AL CLIENTE
Tel.: 902 121 323 / 912 080 403
e-mail: clientes@grupo-sm.com

ISBN: 978-84-675-7786-0
Depósito legal: M-36565-2014
Impreso en España / *Printed in Spain*

1
ESTA HISTORIA COMIENZA EN EL AÑO 3333

EN EL AÑO 3333, las naves espaciales parecen tan antiguas como las carretas, los coches o los aviones.

La gente, para viajar de un sitio a otro, no tiene más que meterse en unas esferas brillantes que hay en unos lugares llamados VICLU. Estas son las siglas de «Viaje Instantáneo a Cualquier Lugar del Universo».

Si alguien quiere viajar a Pekín, por ejemplo, va a un viclu, paga su billete (que es muy barato) y, ¡hala!, a Pekín en menos de un segundo.

Pero ir a Pekín, a Moscú o a Buenos Aires no tiene mérito. Uno puede meterse en una esfera, pagar el billete y aparecer en la Luna, en Plutón o en otros muchos lugares del mundo.

En cada viclu hay miles de esferas. El mundo del año 3333 es enorme y está compuesto por muchos planetas habitados que dan vueltas alrededor de estrellas. Y por estaciones espaciales flotando entre planetas, también habitadas.

Las esferas son de diferentes colores según se viaje cerca, lejos o muy lejos. Hay esferas pequeñas, medianas y grandes. Las pequeñas son para una sola persona. Las grandes, para grupos de hasta cincuenta personas. Las medianas, cualquiera se lo puede imaginar.

El billete para viajar en una esfera de la Tierra a la Luna cuesta lo que un bocadillo de queso. Ir a Plutón, por ejemplo, lo que un bocadillo de jamón. Y viajar a una estrella más o menos cercana, lo que un bocadillo de chorizo y un refresco.

Como se ve, viajar no es nada caro, así que la gente viaja mucho. En cuanto alguien se aburre, dice:

«Esta tarde voy al planeta BRR47, que tiene tres soles, uno amarillo, otro azul y otro rojo. Vendré antes de cenar».

O:

«Me voy un rato a la estación CUCA22, que tiene una buena vista de una nebulosa con forma de elefante».

En el año 3333, en cuanto un niño nace le colocan en el oído un CALA[1]. Se pone detrás de la oreja para siempre, nunca se estropea y hablar o recibir llamadas es muy barato. Mucho más barato que usar una esfera. Hablar una hora, por ejemplo, cuesta lo mismo que una galleta.

Mucha gente utiliza el cala para charlar, escuchar noticias, oír música o saber cuál es el último juguete que han fabricado las FUD[2]. O sea, las Fábricas Universales de Diversiones.

En el año 3333 hay cosas que no son como las de ahora.

Pero otras sí son como las de ahora:

Hay gente sabia.

Hay gente tonta.

Hay chicos desobedientes.

¡Y hay personajes malvados!

---

[1] Cala: Comunicador Automático de Largo Alcance. Para más detalles, ir al *Triccionario*.

[2] Ya no se vuelve a avisar: si se quiere buscar el significado de alguna palabra rara, ir al final de este libro.

2
OTRO DÍA ABURRIDO

A MOT LE DESPERTÓ el rugido de un feroz dinosaurio.

Cerca de su cabeza, una hembra de velociraptor le amenazaba con sus mandíbulas repletas de afilados dientes. Casi podía notar su aliento y la humedad de sus babas.

El animal, con ojos astutos, clavó la mirada en el chico y Mot se reflejó unos segundos en su pupila de color verdoso.

El reptil levantó una de sus manos y dirigió la garra de su dedo corazón hacia su cuello.

Mot se levantó y el zarpazo pareció perderse en la almohada.

Llena de rabia, la dinosaurio comenzó a agitarse. Golpeó con su cola varias veces lo que parecía una delgada pared de DUROPLAST*, produciendo un estruendo sordo, como si quisiera romperla.

Mot dijo:

–Vete.

Los gruñidos cesaron, la dinosaurio se esfumó y la pared volvió a su estado de reposo. Mot salió hacia el cuarto de baño pensando que le aburría ese despertador. Al principio le daba un poco de miedo, pero ahora...

Comenzaba un día soso. Otro más. ¿Qué tocaba hoy? Recordó: BLURK*, Ciencias Mundiales, Matemáticas y, como todos los martes, Expediciones Oceánicas. ¡Qué rollo!

Se colocó el cepillo en los dientes y este comenzó a ronronear haciéndole cosquillas en las encías. Mot se quitó el pijama y pasó a la ducha. La cabina se cerró y el chico notó el agua cayendo sobre su cuerpo. Pulsó el botón «torbellino» y le rodeó una tormenta de gotitas con olor a campo.

Al acabar, se activaron los secadores y Mot salió de la cabina. Dejó el cepillo de dientes en el lavabo, regresó a su habitación, sacudió su traje y se lo enfundó.

En la cocina, el COCIBOT* tenía preparado su desayuno.

Al igual que otros días, sus padres le habían dejado grabado un mensaje. Primero fue su HOLOMADRE* la que apareció encima de la mesa:

–Hola, Mot. ¿Qué tal has dormido? Cuando salgas, recuerda a la *Abuela* que conecte la alarma sensorial. Y dile a la cama que se guarde en la pared, que siempre dejas el cuarto desordenado.

En la familia de Mot, llamaban «abuela» a la casa. Luego, su HOLOPADRE* dio el mensaje de todas las mañanas:

–No vuelvas tarde. Ya sabes que tenemos que hacer los deberes. ¡Que te lo pases bien en la escuela!

¡Pasárselo bien en la escuela! ¡Como si fuera posible!

Cuando acabó de desayunar, tomó su PATIFLOP* y salió de casa. Antes de que se cerrara la puerta, dijo:

–Adiós, Abuela. Y ya sabes...

Se oyó una voz con un sonido metálico. Era la Abuela:

–La alarma sensorial. Ya sé... Hasta luego, Mot.

Hasta la Abuela se lo sabía todo. Ese era un mundo verdaderamente aburrido.

Nada más salir al rellano, uno de los ascensores se puso en funcionamiento. Pasados unos segundos, se abrió una puerta y un altavoz saludó:

–Buenos días, Mot.

–Hola, esclavo.

–No me llamo *Esclavo*. Los vecinos me llaman Lucas.

–Claro, esclavo.

–No me llamo *Esclavo*. Los vecinos me llaman Lucas.

–Por supuesto, esclavo.

–No me llamo...

A Mot le divertía ese ascensor tan bobo. Le gustaba llamarle esclavo, por fastidiar. Todos los días le decía lo mismo y todos los días el ascensor repetía la misma cantinela. Pero al chico le gustaba esa imperfección en su mundo. Todo funcionaba bien. Todo, menos ese ascensor...

Pensó que algún día le llamaría Lucas, a ver qué pasaba.

En la calle, puso los pies sobre su patiflop y ordenó:

–Ya sabes. Lo de siempre.

La máquina se puso en funcionamiento y se deslizó produciendo una leve corriente de aire. Mot inclinó el cuerpo hacia un sitio y hacia otro y el patín respondió a sus movimientos manteniéndole en equilibrio.

Estaba prohibido utilizar el patiflop en la escuela, y esa era otra prohibición tonta. ¡Con lo bien que se lo pasarían él y sus amigos por los pasillos y escaleras de ese viejo edificio!

Mot fue a su taquilla, dejó el vehículo y tomó su libreta. Saludó a algunos compañeros, sin entusiasmo, y subió a clase. En la escuela era obligatorio usar las escaleras para hacer algo de deporte de verdad. Resultaba divertido porque, de vez en cuando, alguien tropezaba y organizaba un pequeño lío.

Poco a poco, se fueron reuniendo los quince compañeros de su clase. Todos tenían cara de aburridos.

Llegó el ENTRENADOR* y alguno de los chicos bostezó.

–Buenos días. Hoy vamos a rescatar un submarino del fondo del mar. Tenéis dos horas para conseguirlo, antes que el equipo verde. El ordenador os dará lo que necesitéis.

A Mot no le gustaban esas tonterías, porque nada era de verdad. Se levantó y fue hacia su cabina. Allí, se puso el traje y observó lo que tenía a su alrededor: barcos, cámaras, botellas de oxígeno, grúas... Se metió en el agua, nadó y eludió los ataques de dos tiburones y de tres rayas eléctricas.

Dos horas más tarde, Mot y sus compañeros habían conseguido rescatar el submarino antes que el equipo contrincante. Pero en realidad se trataba de un juego de ordenador. Al final de la clase no se había mojado ni la planta de los pies.

Luego, vinieron las prácticas de Idioma Intergaláctico, los Juegos Olímpicos de Matemáticas y los aburridísimos laboratorios de Ciencias Mundiales...

Y al final de la mañana, como todos los días, Mot dejó su libreta en su taquilla, tomó su patiflop y regresó a casa.

Mientras viajaba, se agitó de un sitio a otro para darse un buen trompazo, pero nada... Esa máquina se colocaba siempre de modo que le mantenía en equilibrio.

Llamó a un ascensor y acudió uno que no era Lucas.

Mientras subía, pensaba:

Que estaba harto de ese mundo soso.

Que le gustaría ser mayor.

Que lo que más le apetecía era viajar en una esfera.

Y conocer sitios peligrosos. Peligrosos de verdad.

3
Mot y Ada

Mot tiene ahora once años. Nunca ha sido especialmente desobediente, pero sus padres siempre se han sentido un poco desesperados. De niño tenían que explicarle las razones para hacer una cosa o no hacer otra:

–Te tienes que tomar la sopa de vitaminas, o te pondrás enfermo y tendremos que ponerte el Rome*.

El rome es el Robot Médico.

–No puedes llevar las telegafas más de dos horas al día, porque si lo haces te vas a volver tonto.

Las telegafas, como su nombre indica, son pantallas de televisión de uso individual.

Mot siempre ha sido muy curioso. Una vez, cuando tenía cuatro años y sus padres estaban descuidados, agarró la caja de herramientas y empezó a desarmar al pobre robot triturador, que tuvo que bufar bien fuerte para pedir auxilio.

Otro día, dos años más tarde, su padre estaba haciendo la telecompra. Como le llamaron por el cala, fue al salón para hablar tranquilo de asuntos de trabajo. Al volver, Mot había hecho una compra enorme, suficiente para alimentar un año a dos estaciones espaciales de las grandes. ¡Menos mal que su padre pudo arreglarlo!

Mot ha viajado con su familia en los viclu y conoce sitios fríos y calientes, próximos y cercanos. Siempre ha ido con sus padres o sus tíos, pero a él lo que le gustaría es viajar solo.

También le apetece hacerlo con algunos de sus compañeros de equipo. Y, sobre todo, con Ada.

Ada es la amiga de Mot. A ambos les gusta escuchar historias de aventuras a través del cala. A veces dicen:

–A la una, a las dos y a las... ¡tres!

Y piden que les lean cualquier historia antigua: *El astronauta de las tres galaxias*, *El robot justiciero*, *Asteroides de chocolate*...

Luego, comentan juntos lo que han escuchado.

Otras veces, Ada y él se colocan las telegafas y piden que les pongan una película AP. Las letras AP significan Actores Personalizados. En este tipo de películas, cada persona puede elegir ser un personaje, y las gafas se encargan de que Ada o Mot sean los héroes de la historia.

En el año 3333, las cosas parecen mucho más divertidas de lo que son ahora.

Pero eso no es del todo así, porque:

Mot se aburre con las películas AP.

Mot se cansa de su ordenador.

Mot lo que quiere es conocer mundo.

Y conocerlo de Verdad.

4
Un entrenador ingenuo

A la mañana siguiente, Mot decidió dar una vuelta por el viclu más cercano. Miró con envidia cómo la gente entraba y salía de las esferas.

Cada vez que una se abría o se cerraba, sonaba un «psss». El aire estaba lleno de susurros.

Recordó los pasos del viaje. Primero, el detector comprobaba el tamaño del iris y la forma de la oreja. Luego, al dar la identificación y la clave, la máquina analizaba la voz. Una vez dado el destino, la esfera aparecía en otro viclu.

Sencillo y rápido.

Pero, para empezar, su iris era pequeño. «¿Cómo hacer que me crezca el iris?», pensó. «¿Y cómo conseguir un número y la clave?».

Desanimado, paseó entre las esferas verdes, naranjas y azules. Envidió a toda la gente que podía viajar sola.

«¡Ojalá fuera mayor!», suspiró.

Al llegar a la escuela, puso la excusa de que el despertador no le había avisado a tiempo y el entrenador le miró con gesto serio. «¡Eso no se lo cree ni un robobobo!», pensó. Sospechaba que era una excusa, porque últimamente los padres dejaban que sus hijos se pusieran demasiado las telegafas y por la mañana andaban dormidos.

Hoy, el equipo debía buscar una mina de diamantes en un asteroide de la estrella Vega.

«¡Bonito, si fuera realidad!», se dijo Mot. Pero era lo de siempre: entrar en el simulador, comunicarse por cala con los compañeros y, ¡hala!, a descubrir la mina. Aburridísimo, porque había de todo: esferas, detectores, robotractores...

A punto de entrar en su cabina, Mot tuvo una idea. Levantó la mano y el entrenador le dio permiso para hablar:

–Entrenador, anoche se me ocurrió un problema.

Los entrenadores andaban siempre buscando nuevos problemas, así que recibían bien los que proponían los alumnos.

–Dime.

–El problema es: ¿cómo hacer más grande una huella dactilar?

–¿Qué?

Mot sabía que su entrenador siempre decía «¿Qué?» para darse tiempo para pensar.

–Eso: que cómo hacerla más grande, sin que crezca la persona, claro.

El entrenador se rascó la cabeza. Mot y sus compañeros pensaron que seguro que no tenía ni idea. Pero los entrenadores tenían su arma secreta: fue hacia POCO* y le preguntó. Al cabo del rato, volvió con la respuesta:

–Es imposible.

Los chicos se partieron de risa. POCO, según decían, contenía todos los conocimientos del mundo y, se suponía, la solución de cualquier problema.

Pero el entrenador tenía una sorpresa:

–No se puede hacer que sea más grande, pero sí que parezca más grande.

–Ah, sí. ¿Y cómo?

–Con una lupa.

¿Lupa, lupa...? ¿Donde había oído Mot esa palabra? Le sonaba que en un cuento antiguo. La escribió en su libreta y... ¡Eso era! ¡Un instrumento primitivo! La pantalla decía que hace mucho tiempo la gente se colocaba lupas en los ojos, cuando veía mal. Las llamaban «gafas».

«¡Por todos los asteroides!», pensó Mot. «¿Serán las gafas el origen de las telegafas?».

O sea, que el asunto estaba en buscar unas gafas pero sin tele. ¿Y la clave? ¿Cómo podría conseguirla? Tuvo otra idea... ¿Sería posible? Mot levantó de nuevo la mano:

–Sí, Mot.

–Supongamos que tenemos que ir en una esfera. ¿Qué claves y contraseñas tenemos que utilizar?

–Te las darán al cumplir dieciocho años.

–Pero si esperamos a los dieciocho años, nunca estaremos preparados.

De repente, los miembros del equipo, sobre todo Ada, corearon en clase:

–¡Sí, sí! Queremos aprender a viajar en esferas de verdad.

A regañadientes, el entrenador accedió. Fue hacia POCO y trajo una clave. Advirtió:

–Bueno, una clave para todos. Veréis, se hace así...

El entrenador hizo como que se metía en la esfera, enseñaba su iris a la cámara y pronunciaba la clave:

«KX4567HTR671Z34».

Y luego, la contraseña:

«¡*Vamosallá*!».

Mot se sintió un poco mareado. No se lo podía creer. El bobalicón del entrenador hacía ruidos cuando la nave partía, cuando viajaba y cuando llegaba: «pssss, zuuum, pssss».

Esa noche, Mot tardó en dormir. Cuando consiguió hacerlo, soñó con:

Esferas verdes.

Claves secretas.

Robar unas gafas con lupa.

5

El robot ciego y una interesante charla

Mot se levantó con sueño. Estaba tan absorto pensando en cómo lograr una lupa que se olvidó de apagar el despertador.

Mientras se duchaba, varios dinosaurios intentaban romper la pared de su cuarto, produciendo un estruendo con sus rugidos, coletazos y dentelladas.

Cuando acabó el desayuno, consultó con el ordenador de la cocina. No vendían lupas en ningún sitio. Ni gafas. Encontró cámaras, estratocámaras y camavolas, que eran cámaras voladoras. Pero las lupas y las gafas debían de ser instrumentos tan antiguos que no aparecían en ninguna tienda.

Pensó que a veces lo más sencillo resultaba lo más difícil. Creía que lo más complicado era conseguir una clave, pero no. Lo más difícil era hacerse con unas gafas.

Cuando salió al descansillo de la escalera, Lucas le invitó a subir, pero él no hizo caso.

Se quedó parado, mientras oía el zumbido del limpiabot que se había activado cuando cerró la puerta de casa.

Tuvo una idea...

El chico apoyó la palma en la puerta y esta se abrió. La Abuela preguntó:

–¿Se te ha olvidado algo?

Mot no respondió. El zumbido del limpiabot había desaparecido, como sucedía cuando había alguien en casa, pero el regreso de Mot había sido tan brusco que no le había dado tiempo de autoguardarse en el armario.

La Abuela volvió a preguntar:

–Mot, ¿estás enfermo?

–Estoy bien. No tienes que llamar a nadie.

Mot se tiró al suelo a observar al limpiabot, cuyo único ojo se dirigió al rostro del chico. Durante unos instantes se miraron como si fueran a decirse algo, y al rato, el chico susurró:

–¡Ya lo tengo!

Mot trajo la caja de herramientas. Sacó un destornillador y unos alicates. Al quitar los primeros tornillos, el limpiabot empezó a pitar. Luego, los pitidos se hicieron más agudos. El robot intentó huir, pero Mot le sujetó entre las rodillas.

Al acabar la operación, Mot sostenía entre sus manos un trozo de plástico. Fue al espejo del baño...

¡Y lo que vio en el espejo le llenó de alegría! Si se colocaba el plástico delante del ojo, podía ver un iris... ¡enorme! ¡Era una lupa!

Seguro que con ese iris era capaz de engañar al controlador de la esfera. ¡Ya lo tenía todo!

Cuando cerró la puerta, el pobre robot se puso a funcionar con un zumbido más agudo del habitual, tropezándose con las patas de las sillas, de la mesa, del sofá...

Quince minutos después, Mot estaba ante una esfera verde. Dijo «Ábrete» y esta se abrió por la mitad. Miró hacia los lados. Parecía que todo el mundo tenía prisa y nadie se fijaba en él. Subió la escalerilla y entró.

Al sentarse, se encendió una luz azulada. Sabía cómo funcionan estas cosas, pero su corazón le latía a mil por minuto. Un brazo salió del techo y se puso junto a su cara. Sabía que ese era uno de los momentos decisivos...

Se colocó la lupa delante del ojo, surgió un pequeño destello y el brazo se retiró.

A continuación, pronunció temblando la clave: «KX4567HTR671Z34».

Entre estas acciones transcurrieron solo un par de segundos, que a Mot le parecieron siglos. A saber lo que hacía la máquina si se equivocaba. «¡Lo mismo me vaporiza!», pensó. Después dijo decidido:

–¡*Vamosallá*!

Transcurrieron unos largos segundos. Mot temió que de un momento a otro se abriera la esfera y aparecieran un montón de policibots. Pero no ocurrió nada...

Una voz dijo:

–No me ha dicho destino. Dígame destino, por favor.

¡Ni había pensado adónde iba a ir! Recordó donde la familia había pasado sus vacaciones dos años antes:

–Marte. Colonia Olympus.

Oyó un leve «zummm».

A continuación, un «pssss».

Y luego, se abrió la esfera...

Le envolvió una luz rojiza, que entraba por un gran ventanal. Había llegado a un viclu marciano. ¡Él solito!

Al salir de la cápsula, sintió unas ganas enormes de ir al baño. La gente pasaba a su alrededor sin fijarse en él. Encontró un aseo. Le dolía todo desde la cintura hacia abajo, pero se sintió algo mejor después de hacer pis.

De repente, le entró la necesidad irresistible de volver a casa. Se notaba mareado y nunca se había sentido así después de viajar. Pensó que a lo mejor era que no había desayunado mucho. Aunque los latidos de su corazón decían algo así como mie-do, mie-do, mie-do...

Sin salir del viclu, buscó otra esfera verde y la abrió. Repitió la operación y dijo rápidamente el destino:

–Tierra.

Pero no se oyó el «zummm».

Mot tuvo ganas otra vez de hacer pis, aunque estaba seguro de que no le quedaba una gota en la vejiga.

La luz verde cambió a naranja. ¡La luz de alerta!

Y se oyó la voz un poco enfadada de la máquina:

–La Tierra es enorme. ¡Diga exactamente adónde quiere ir!

Mot balbuceó:

–Nuevo Teruel. España. Barrio sur.

«Zummm, pssss».

Y la esfera volvió a abrirse. ¡Estaba en casa!

En total, el viaje había durado un cuarto de hora, pero a Mot le parecía que habían transcurrido días. Se

sentía un poco atontado. Metió la lupa en un bolsillo de su traje, descansó un rato en las escaleras de acceso y se dirigió a la escuela.

Estaba tan pálido que el entrenador no le dijo nada al entrar, casi una hora más tarde de lo debido.

Cuando se encontró con su equipo, le dieron ganas de decir a todos que acababa de estar en Marte, él solo. Pero decidió callarse. Hoy, jueves, era día intensivo de blurk, y no tenía ganas de pronunciar una sola palabra.

A la salida, le hubiera gustado hablar con Ada, pero la chica estaba con una amiga, así que volvió a casa.

De las cinco horas de cala no se enteró de nada. No hacía más que pensar en sus viajes: Saturno, Andrómeda, Orión, Estaciones Espaciales, Estrellas de Neutrones, Agujeros Pardos... ¡Todos esos lugares eran tan apetecibles...!

Durante la cena, preguntó a su mamá:

–Mamá, ¿tú también tienes clave para ir en esferas?

–Claro.

–¿Y cuánto dura una clave?

–Pues... toda la vida. Te la dan para siempre. Una vez que te la dan, ya no te la pueden cambiar.

–¿Por qué?

En ese momento intervino su padre, a quien siempre le gustaba presumir un poco:

–La clave se identifica con tu iris. Los ojos de las personas son distintos y no varían. Una vez que POCO ha leído tu iris y tu clave, se quedan unidos para siempre. Ya no hay forma de cambiarla.

–Pero... ¿nunca nunca?

–Nunca. El iris del ojo no cambia.

Mot pensó que se había metido en un lío. Cuando tuviera dieciocho años, le tomarían una foto del iris y le darían una clave distinta. Seguro que POCO detectaba que tenía dos claves. ¡El Lío Universal!

–¿Y la contraseña? ¿Cambia?

–La contraseña sí.

Mot sintió un jarro de agua fría. Pensó que no podría viajar mucho si la contraseña variaba cada dos por tres. Pero le sorprendió el comentario de su padre:

–La contraseña en realidad es una tontería, porque resulta imposible falsificar un iris. Por ejemplo, al sacar dinero de una máquina, da lo mismo que digas «dame el dinero» que «venga la pasta».

–Y entonces, ¿para qué sirve?

–Es una especie de saludo a la máquina, como de educación. Alguien pensó que las máquinas se sentirían infelices si alguien solo les dijera una clave. Una contraseña también puede ser «gracias, bonita».

Mot estaba pasmado. Empezaba a entender el mundo de los adultos. Tuvo una sospecha:

–¿Y para sacar dinero? ¿Se utiliza la misma clave?

–Claro. No te van a dar una cada vez. La clave sirve para viajar, para votar, para ir al médico... Pero mira que estás preguntón esta noche. No te preocupes, hijo. Tú tienes iris, ¿no? Pues ya te darán clave cuando cumplas dieciocho años.

Esa noche, mientras conciliaba el sueño, Mot pensaba en algunas cosas interesantes del mundo del siglo XXXIV:

Los adultos eran unos ingenuos.

A veces, los padres no sabían nada de sus hijos.

Los hijos, sin proponérselo, a veces se metían en unos líos espantosos.

6
Avisos de peligro

Tres días más tarde, Mot tomó una esfera azul para visitar Cisne, una estación espacial desde cuyos miradores se veían nubes intergalácticas de muchos colores.

Le pareció mentira contemplar en directo las imágenes que tantas veces había visto en sus videogafas y en las proyecciones de ordenador. ¡Era maravilloso lo de viajar solo!

La lupa y la clave funcionaron perfectamente. En cuanto a la contraseña, en el viaje de ida dijo «¡vamos allá!», y en el de vuelta, «¡hale para casa!».

Dos días después, quiso visitar un Agujero Pardo y eligió el Fuff25. Era un sitio para turistas. El Agujero se tragaba una estrella roja y los encargados de la estación habían esparcido por los alrededores millones de láminas metálicas de colores brillantes. Las fuerzas gravitatorias mostraban los remolinos de esas hojitas coloreadas.

Ni en Cisne ni en Fuff25 llamó la atención. A nadie se le pasaba por la cabeza que un chico pudiera viajar solo. Debían de pensar que era hijo de alguien de allí, o que formaba parte de algún equipo que iba de excursión.

Después de estos dos viajes, Mot no lo pudo resistir más y habló con Ada:

–Quiero decirte una cosa.

–Ya sé qué me vas a decir: que te gusta Lea.

Lea era una compañera de equipo que gustaba a todos los chicos.

–No, no tiene nada que ver. Pero debes jurarme que no se lo dirás a nadie.

–Vale.

–No, no así. Tienes que jurarlo por la Galaxia.

Jurar por la Galaxia era el mayor juramento que alguien del año 3333 podía hacer. La chica pensó que Mot iba a decirle algo muy importante.

–Vale. Lo juro por la Galaxia.

–Pues... viajo solo.

–Ya, como todos, qué tontería.

–No. En las esferas.

–¿Qué? Me estás tomando la oreja.

–Te lo aseguro. Hasta ahora he hecho tres viajes en las esferas verdes: a Marte, a Cisne y a un Fuff.

–¡¡¡Pero tú estás loco!!!

Ada le creyó después de que Mot le contase lo de la clave del entrenador, lo del robot ciego y, sobre todo, cuando describió cómo se formaban los remolinos brillantes alrededor de Fuff25. La chica no sabía qué decir, pero al final aseguró:

–Eso es un lío terrible.

–Ya lo sé. Si me pillan, no sé qué voy a hacer.

–Más vale que te olvides de ello y que esperes a los dieciocho años. Ya tienes bastantes problemas con haber enseñado tu iris a POCO y usar una clave antes de tiempo.

Y la chica le dio otro consejo gratis:

–Si te aburres, ve a las FUD. Han salido unas diversiones estupendas. Yo el otro día estuve peleando con un monstruo de siete cabezas y doce colas.

A Mot, el consejo de Ada le pareció razonable. Todo el mundo le habría dicho lo mismo. Las noches siguientes no podía dormir pensando que algún policibot aparecería en casa para llevárselo.

Durante las dos siguientes semanas, Mot no viajó a ningún sitio. Ni a Marte.

Conectó su ordenador a las FUD. Por poco dinero, las Fábricas de Diversiones proyectaban en mitad de su cuarto unas estupendas imágenes holográficas con las que jugar como si fueran reales.

Pero no eran reales. Mot pensaba que, en el año 3333, nada era real. Podía ir a muchos sitios y conocer gente sin moverse de su habitación o del simulador donde trabajaba el equipo. ¡Era un asco!

Además, transcurría el tiempo y ningún policibot apareció por casa, así que pensó que no sería fácil descubrirle. Después de todo, no hacía nada malo viajando solo. Y se preguntaba: «¿Por qué los chicos no pueden viajar solos?». «Eso no hace ningún daño», se repetía.

Así que una noche pensó en un nuevo viaje. Y cayó en la cuenta de que si en las FUD se fabricaban diversiones, era allí adonde debía ir. Quizá guardaran algo que fuera de verdad emocionante. Algo más real. Algo que solo se pudiera conocer a los dieciocho años.

Decidido, a la mañana siguiente fue a un viclu, enseñó el ojo, dijo la clave, pronunció un «¡Arre!» y dijo su destino:

–Voy a una FUD.

La máquina preguntó:

–¿A la Central?

–Sí.

Sonó un «zummm, pssss».

La esfera se abrió en un viclu extraño, un largo pasillo sin gente. Sujetas en sus soportes, solo había cinco esferas. Y todas eran verdes. Desde luego, no era un lugar turístico.

Al instante pensó que se había equivocado. Que era como entrar en el despacho del superentrenador, donde nadie puede pasar sin permiso. ¡Debía irse de allí cuanto antes!

Pero le picó la curiosidad.

Avanzó por el largo pasillo silencioso. Solo se oía el leve zumbido de las lámparas flotantes, que bañaban las paredes de una luz azulada.

¡Así que allí era donde se fabricaban las diversiones!

–Pues parece bastante soso este lugar.

Eso se dijo Mot mientras avanzaba.

Estaba casi al final del pasillo cuando una puerta lateral se abrió con un siseo.

Mot se volvió.

Y lo que vio no le gustó nada.

Entre él y las esferas que se veían al fondo aparecía un guardián robotizado, tan alto como una persona mayor. La voz de la máquina llegó clara a sus oídos:

–¡Alto! ¡Quédese quieto!

Mot pensó que se había metido en un buen lío. Y no estaba dispuesto a que esa máquina le capturase, así que echó a correr a toda velocidad. Pasó entre el pasillo y el guardián, mientras este repetía:

–¡Quédese donde está! ¡No tiene permiso para estar aquí!

El chico siguió corriendo, pero notó un destello de color violeta. El rayo paralizante le golpeó los pies y un calambre ascendió por su pierna.

Cayó al suelo.

Mientras se dormía pensó, demasiado tarde:

Que no tenía idea de dónde estaba.

Que por fin se había encontrado con un lío preocupante.

Que tenía que haber hecho caso a Ada.

7
UN VIAJE INESPERADO

MOT ECHÓ UN VISTAZO POR LA SALA, una enorme habitación llena de aparatos cuyas paredes parecían moverse como el agua en un acuario.

–¿Qué haces aquí?

Ante él había alguien de aspecto delgado, que le miraba con unos saltones ojos negros. No tenía cara de buenos amigos. Repitió:

–¿Qué haces aquí?

–Me he equivocado.

–Claro que te has equivocado: viniendo a este lugar.

El chico estaba sentado en lo que parecía un sillón de robodentista. No podía mover los brazos ni los pies, aunque no tenía ataduras. Recordó el rayo violeta.

Se sentía atontado. Los ojos de la persona que había ante él parecían salirse de sus órbitas y se movían veloces de un sitio a otro.

–¿Para quién espías?

Mot encontró fuerzas para responder:

–¿Espiar? Yo no espío a nadie. Pasaba por aquí... Mejor dicho, me equivoqué de dirección, ya sé que no tenía que haber venido... Lo siento. Perdone... Ya me voy.

–¿Quién te ha dado la clave?

–Mi entrenador.

–Ningún mocoso como tú tiene clave. ¿Para quién trabajas?

–¿Yooo? Yo no trabajo. Soy pequeño.

–Un pequeño descarado entrometido.

A medida que se le pasaban los efectos del rayo paralizador, Mot se fijó en esa extraña persona. Se incorporó un poco y vio que ese hombre flotaba.

Que no tenía piernas.

Mot tragó saliva. Le parecía estar soñando. Pero no era un sueño. Estaba prisionero y lo que había ante él no parecía una persona, sino un robot con malas intenciones.

¿Sería un ROBOMANO*? ¡Pero si eso estaba prohibido!

–¿Usted es un robot?

–Soy lo que me da la gana. No cambies de tema y dime: ¿quién te envía?

–Le digo que nadie. He venido solo.

–Bien, bien... Procuraré que no cuentes a nadie lo que has visto.

El robomano dio un pitido. Se abrió una puerta y entraron tres vigilantes. No sabía decir si uno era el que le había capturado, porque los tres eran clónicos. Dos le agarraron por los brazos y las piernas. Mot gritó:

–Pero si no he visto nada...

Los vigilantes y el robomano flotaron por un largo pasillo, cargando con Mot. No veía a ninguna persona

y olía a cables y aceite, lo que le hacía pensar que allí no había más que robots. Llegaron a una sala iluminada con luces verdosas.

Mot creía que le iban a poner de patitas en la calle, pero no. En la sala había dos esferas de color muy distinto a las que había visto antes, pintadas con espirales negras y violetas. Sin embargo, eran de tamaño individual.

El robomano puso la mano en una esfera y esta se abrió. Dio una orden y los guardianes sentaron a Mot, que empezaba a recuperarse de la parálisis. El chico aseguró asustado:

–Quiero ir a mi casa, claro...

–Donde vas no darás guerra a nadie.

La esfera se cerró con un silbido. No era un «pssss» sino un «fiuuum», y tampoco se extendió ningún brazo para mirarle el iris. No necesitó clave, porque la esfera comenzó a vibrar haciendo un sonido extraño. El viaje fue más largo de lo normal, y unas luces rojas se encendieron y apagaron intermitentemente.

Mot, por supuesto, estaba aterrorizado.

¿Adónde iría a parar esa máquina?

¿Por qué hacía ese ruido?

¿Qué indicaría el «–1331» que se veía en una pantalla?

¿Sería una esfera de transporte o de desintegración?

Al cabo de un rato, las vibraciones se redujeron, la luz roja se estabilizó. Sonó un «fiuuum» y la esfera se abrió.

Lo primero que sintió Mot fue frío en las manos y en el rostro. Un frío especial, húmedo y pegajoso.

Notó un olor extraño, algo que recordaba al del jabón, o al de humo, o al de una taza de váter, quizá todo mezclado.

Y oyó sonidos raros, como de pisadas, o de agua cayendo por una ducha, o de música extraña, tal vez todo mezclado.

Desde luego, era un sitio inusual. Para empezar, porque ese lugar no era un viclu, ya que su esfera era la única. Luego, porque no veía a nadie alrededor. Y la luz... Incluso la luz era diferente. Algo más brillante, a pesar de que la altura del sol invitaba a pensar que estaba a punto de atardecer.

Mot se levantó despacio. Las piernas le pesaban como si fueran de acero.

Salió al exterior de la esfera, que había quedado colocada en una posición rara. Se dio cuenta de que no había soportes, como en los viclu.

Un poco mareado, pisó el suelo. Y le extrañó que fuera blando, como si estuviera a punto de tragarle.

Desde luego, el robomano, o lo que fuera, le había enviado a un lugar desconocido. Estaba claro que no era su casa.

Muerto de pánico, subió a la cápsula. Normalmente, esta se cerraba con un «pssss» al sentarse el viajero, pero las semiesferas no se movieron. Observó el interior. Dejando aparte el asiento, no se veían brazos, botones, micrófonos ni altavoces... Incluso la pequeña pantalla estaba ahora apagada.

¿Dónde se encontraba?

¿Por qué sentía ese frío?

¿Y por qué esa esfera idiota no se comportaba como debía?

Miró por los alrededores. No veía ningún edificio. Solo algunos árboles. Y montañas al fondo. Y nubes. Y piedras que amenazaban con clavarse en los pies. ¡Y todo estaba sucio y lleno de polvo!

Volvió a sentir frío, y allí de pie, aturdido, Mot pensó:

Que estaba en un lugar que parecía salvaje, seguramente lejos de un viclu.

Que dentro de nada sería de noche y que probablemente haría más frío.

Que tenía mucha hambre.

Y, sobre todo, mucho miedo.

8
Un planeta perdido

Mot comenzó a sentir heladas la cabeza y las manos. Un frío horrible, que aumentaba a medida que se ponía el sol.

Comenzó a pasear hacia unos árboles que veía al este, pero le dio miedo alejarse de la esfera, así que regresó apenas había andado diez pasos. Volvió a subir a su interior, deseando que esa máquina se cerrase y le llevase a casa. O, por lo menos, a la FUD de donde había venido.

Pero la esfera no se cerró, a pesar de que pronunció en varias ocasiones su nombre y su clave.

La noche llegó y el helor se hizo más intenso. Sentía las orejas congeladas, así que subió el cuello de su traje hasta fabricarse una capucha. Hizo lo mismo con las mangas, para protegerse con guantes.

Le llegaron ruidos extraños, que no supo identificar. Uno era un pájaro, aunque piaba de una forma rara. Y los demás... No tenía idea de los demás. Imaginaba que el susurro venía de la arboleda que había visto hacia el este.

Mot esperó sentado en el interior de la esfera a que esta se pusiese en marcha. Tal vez el robomano le había querido dar un susto y la había programado para volver a una hora determinada. Aguantó las ganas de hacer pis hasta que no pudo más. Salió rápido, hizo pis al lado y volvió a sentarse.

Esperaba oír de un momento a otro el «psssss», o por lo menos el «fiuuuu». Pero esa boba esfera parecía paralizada. Intentó recordar si alguien había hablado alguna vez de esferas averiadas... Pero no. Que él supiera, las cápsulas viclu no se estropeaban nunca.

Cayó una noche oscura. Cuantos más esfuerzos hacía Mot por relajarse, más se preocupaba. Estuvo a punto de llorar...

¿Sería posible que el robomano le hubiera conducido a un planeta deshabitado y sin viclus para volver?

¡Pero qué tontería!

Movió su cabeza para encender su cala y trató de llamar a sus padres:

–¡Papá! ¿Mamá...?

Nadie respondía.

Pronunció el número de emergencia:

–Dos, dos, dos.

Nadie le ofreció ayuda.

Pidió las lecciones de hoy:

–Equipo SP47S. Mot. Clase de hoy...

¡Y el cala permaneció mudo!

Entonces sí se asustó. Que una esfera fallase era extraño, pero que un cala se averiase era aún más alarmante.

Pasado un rato, se durmió. O se desmayó, porque de las siguientes horas no se enteró de nada.

Le sobresaltó un sonido desconocido, cuando el sol salía y el cielo estaba de color rojizo. ¡Qué frío! Mot tenía helado el rostro, que no estaba protegido por el traje, así que tiró de la tela para abrigarse, dejando solo los ojos al descubierto.

Observó la esfera. La sacudió con el puño y con el pie para despertarla. Pero la esfera parecía muerta.

¿Sería el primer humano que viajase en una esfera escacharrada? ¿Se habría perdido esa máquina idiota en el espacio? ¿Por qué no había ningún otro viclu por los alrededores?

Todo esto se preguntaba Mot mientras el cielo iba aclarándose. Y mientras oía sonidos cada vez más preocupantes.

El chico salió y observó el exterior de la esfera. Era como las demás, completamente lisa. Lo único extraño era su color. Recordó entonces que el robomano había puesto la mano sobre ella para que se abriera. Mot hizo lo mismo...

¡Y la esfera se cerró...!

Al principio, Mot se asustó, pero enseguida se dijo:

«Bueno, eso es que no está atontada».

E intentó que se abriera de nuevo, extendiendo la mano sobre su superficie.

Pero no se abría. Por más que colocaba su mano en un lugar o en otro, la cápsula permanecía cerrada como la cáscara de un huevo.

Al comienzo dijo:

«¡Vaya fastidio!».

Y luego pronunció algunas frases con las que intentaba despertarla o desahogarse, como por ejemplo:

«¡Anda, por favor! Que soy Mot...».

«Soy KX4567HTR671Z34».

«¡Ábrete, cacharro inmundo!».

Tras muchos intentos, Mot se dio por vencido. Echó un vistazo por los alrededores y, aunque no vio a nadie, pensó que tenía que ocultar aquella esfera. ¡Solo faltaba que alguien llegase, la abriese y la utilizase! ¡No tenía ni idea de dónde estaría el viclu más cercano!

Así que la hizo rodar por ese extraño lugar tan sucio, lleno de hierbajos, piedras y polvo, en dirección a la arboleda. Tuvo que hacerlo con cuidado, porque el piso era irregular. A veces, la esfera se atascaba, mientras otras parecía que iba a rodar sola hasta chocar con los árboles.

Con esfuerzo, logró ocultarla entre unos matorrales.

El chico se internó entre los árboles, pero retrocedió asustado. Los sonidos desconocidos eran más intensos a medida que avanzaba, así que salió de nuevo al lugar donde había dejado la cápsula.

Echó un vistazo a su alrededor. Aunque las piernas le temblaban, vio frente a él una pequeña loma desde la que podría divisar el paisaje y corrió hacia allí.

No vio torres ni ciudades, pero sí unas extrañas estructuras metálicas que brillaban al sol, ahora que ya se había alzado sobre el horizonte.

Se tranquilizó pensando en la estupidez de creer que el robomano podía haberle enviado a un planeta desierto.

Vio que algo se movía. Alguien que paseaba montado en un robot.

Un extraño robot.

Bajó de la pequeña loma a la que había subido y fue al encuentro de esa persona. Intentó utilizar su cala para hablar con ella, pero su aparato seguía sin funcionar. Entonces, se retiró la capucha del traje y gritó:

–¡Eh! ¡Eh...!

El robot aminoró el paso y la persona se le quedó mirando. Mot corrió hacia ella, haciendo gestos con la mano. A poca distancia, el chico comprobó que se trataba de alguien enorme con una gran cabeza. Resultaba sorprendente. Tanto como el robot en que montaba.

Mientras corría, Mot no pensaba casi en nada. Solo en que:

Estaba salvado.

Por fin, alguien podía ayudarle.

9
EVA

EL CHICO RECORDÓ sus clases de Blurk. Por los gestos de la persona que tenía enfrente, supo que le miraba con atención y que estaba dispuesta a ayudarle.

El desconocido inició la charla en su idioma nativo:

–¿Qué pasa? ¿Te has perdido?

Mot se dio cuenta de que la otra persona hablaba casi su idioma. Ese planeta no debía de estar muy alejado del suyo.

–Me he perdido algo. ¿Sabes si hay un viclu cercano?

–¿Un qué?

–Un viclu.

–No..., no sé...

–Es que tengo que ir a casa.

–¿Dónde vives?

Por el tono de voz, Mot supo que estaba ante una chica, aunque su aspecto era deforme. Dudó antes de responder:

–Nuevo Teruel. Barrio sur. España. Ya sabes, la Tierra...

La chica le miró y dijo, señalando con la mano:

–Teruel está hacia allá, pero tardarás un rato. ¿Estás solo? ¿Y tu familia?

–En casa. Es que yo...

Mot estuvo a punto de confesar lo de la esfera, pero no quería meterse en líos con una desconocida de aspecto tan extraño. Ella se adelantó:

–¿De dónde eres?

–De Nuevo Teruel, ya te lo he dicho.

–Ya, pero ¿has nacido allí?

–Sí, ¿por qué?

–No sé... Pareces de otro sitio. Bueno, tengo que ir a clase. Te llevaría, pero voy en dirección opuesta y es tarde. Mira: si sigues ese camino, llegarás a una carretera. Hay una gasolinera. Pregunta allí. A lo mejor alguien te acerca a Teruel.

–¿Me haces un favor?

–S... sí. ¿Cuál?

–Por favor, llama con tu cala al 222. El mío debe de estar averiado. Porque no tendrás un patiflop de sobra, ¿verdad?

–Oye, ¿estás enfermo?

–No.

–¿Y no tienes frío?

–No. Ya no. ¿Por qué?

–No sé... La cabeza, el pijama... ¿Seguro que no estás enfermo?

–¡Que no! Lo que pasa es que me he perdido. No sé dónde estoy. Solo es eso.

La chica le observó de arriba abajo. Al final le ofreció:

–Mira, si quieres, sube y te acerco al pueblo. Alguien podrá ayudarte.

–¿Hay viclus en ese pueblo?

–¿Bicis*?

–¡No, viclus! Que si hay viclus...

–Mira, chico, no te entiendo nada.

La muchacha señaló detrás y Mot esperó a que se desplegase algún asiento. Como pasaba el tiempo, ella insistió:

–¿Subes o no?

Mot se acomodó sobre la rejilla trasera. ¡Era realmente incómoda, con esas varillas clavándosele en el trasero! Ella dijo:

–Agárrate, que nos vamos.

El chico se aferró a la muchacha y apretó su cara contra su mochila. Se dio cuenta entonces de que ella no era tan gruesa como aparentaba. Estaba cubierta por lo que parecía una ropa basta y fofa, que debía de resultar muy incómoda.

Pero al rato dejó de pensar en eso. Vio que el robot de la chica no flotaba, sino que se arrastraba sobre el suelo. Y como este era irregular y de vez en cuando había alguna piedra, las barras de hierro parecían incrustársele en los huesos.

Pero a ella, ese traqueteo del robot no parecía importarle. Se puso a silbar, y al cabo de un rato preguntó:

–¿Cómo te llamas?

–Mot. ¿Y tú?

–Eva.

–Un nombre raro ese de Mot, ¿eh?

El chico no respondió. Estaba pendiente de los movimientos de ese torpe robot y de las extrañas construcciones metálicas que veía, entre las que había cables tendidos.

En una ocasión, al pasar por debajo, su cala dio un zumbido, que se esfumó al poco tiempo.

¿Estarían intentando comunicar con él? Mot sacudió varias veces la cabeza para encender y apagar el cala, sin resultado. La chica notó el vaivén:

–¿Te pasa algo?

–No, nada.

El camino irregular desembocó en otro oscuro y liso. Por fin, a lo lejos, Mot pudo ver edificios y supo que estaban cerca del pueblo al que se dirigía Eva.

El chico oyó un rugido a su espalda y se sobresaltó al notar cerca un monstruo que se arrastraba por el suelo. Parecía a punto de atropellarlos, pero en los últimos metros cambió de rumbo y pasó a su lado. Aterrado, preguntó:

–¿Qué era eso?

–Un camión.

–¿Y por qué va tan bajo?

–¿Cómo que «tan bajo»? ¿Por dónde quieres que vaya?

–Por arriba. Aquí abajo hay personas.

Ella no hizo ningún comentario.

Por fin, la carretera llegó a las primeras casas. A Mot le pareció un pueblo extraño, de los que había visto en alguna ocasión con las videogafas. Un animal salió a su encuentro y emitió unos gritos que sobresaltaron a Mot. Eva explicó:

–No te asustes. Es Martínez, el perro del cartero. Todas las mañanas viene a saludarme.

¿Perros? ¿Vivos? ¿Perros de verdad?

Eso alarmó a Mot, que gritó a Eva:

–Para, para.

Ella frenó bruscamente y preguntó:

–¿Qué ocurre?

–¿Dónde estamos?

–En Alfambra.

–¿Y eso qué es?

–Pues el pueblo. Se llama así...

–¿Pero no estábamos en Teruel?

–Sí, pero Teruel está hacia allá. Esto es Alfambra, a unos quince kilómetros.

La chica se había apeado de la máquina y contemplaba a Mot, que estaba temblando, no sabía si de miedo o de fiebre.

–Anda, te llevo al médico. Total, ya llego tarde a clase...

–No, no, al rome no. ¿Dónde estamos?

–¿Otra vez? Ya te lo he dicho.

–Quiero decir: ¿esto es la Tierra?

–¿Cómo...?

–Que si es la Tierra, el planeta Tierra.

–¡Pues claro! ¿Qué va a ser?

Eva estaba a punto de perder la paciencia. Se sentía sofocada. Se quitó el gorro de la cabeza y dejó suelta su cabellera. Entonces, Mot retrocedió.

Retrocedió con ojos asombrados.

Tropezó.

Y cayó al suelo de culo.

Solo pensaba, como si su cerebro fuera tartamudo:

No es posible.

No es posible.

¡Pero no es posible...!

10
Dime algo del futuro

En algunas lecciones de Ciencias Mundiales, Mot había visto imágenes de personas con pelo.

Pero esas personas eran muy antiguas, *casi primitivas.*

Cuando comenzaron a popularizarse los viajes espaciales, se comprobó que el cabello era incómodo, porque los pelos sueltos se quedaban flotando en las naves y continuamente te los encontrabas en la nariz o en la lengua.

Eso resultaba incómodo. Y además era una auténtica guarrería.

Así que hacía mucho, alrededor del año 2200, se decidió que las personas no tendrían pelo.

¡Pero Eva sí lo tenía!

Sentado en el suelo, Mot pensó en dos posibilidades:

Una, que ese fuera un planeta remoto de cualquier galaxia lejana, cuyas costumbres salvajes habían llevado a las personas a dejarse crecer de nuevo el pelo.

Y la otra, que Eva fuese una persona trasladada desde los tiempos primitivos hasta el año 3333.

Pero Mot, que no era ni mucho menos tonto, comenzó a atar cabos y pensó en algunas cosas sorprendentes:

Su cala no funcionaba.

Eva no había oído hablar de viclus.

Los robots no se elevaban del suelo.

¡Y había perros vivos sueltos!

Si Mot se sentía sorprendido, Eva lo estaba aún más, viendo la cara de pasmo del chico. Estaba convencida de que ese esmirriado estaba enfermo, así que insistió:

–Vamos al médico. Hay uno aquí cerca y no hace daño cuando te pincha.

–¡Qué empeño en ir al médico! Yo lo que necesito es una esfera que funcione.

–Bueno, allá tú... Yo me voy a clase.

Mot vio cómo Eva caminaba haciendo rodar el robot, o lo que fuese. Esa máquina tenía una pinta tan primitiva como la cabellera de la chica, que caía sobre su espalda.

Mientras la muchacha se alejaba, Mot recordó al malvado robomano y la esfera de color negro y violeta. Alguna vez había oído hablar de las Cápsulas Temporales, pero sabía que los viajes en el tiempo estaban prohibidísimos.

¿Sería posible que le hubieran trasladado al pasado?

Mientras hacía cálculos para saber cuánto tardaría en volver hasta su esfera, Martínez se le acercó jadeando. Mot se alzó de un salto y gritó a Eva:

–¡Espera, espera!

La chica siguió su camino. Él llegó a su altura con el corazón encogido al sentir cómo el perro seguía sus pasos a corta distancia.

–Espera, por favor.

Eva se detuvo. Mot la miró y por sus gestos supo que esperaba alguna explicación sobre su extraño comportamiento. Se le ocurrió decir:

–Sé que estás extrañada y que piensas que soy raro, pero necesito ayuda.

–¿Raro? Yo no he dicho que seas raro.

–Necesito que me lleves a la esfera.

–¿Qué esfera?

–Bueno, el sitio donde te encontré.

–Mira, guapo, yo te encontré a ti, y no al revés. Desde el principio estoy ayudándote y no me has dado ni las gracias por traerte en mi bici. Así que adiós.

–¿Eso es una bici?

–Oye, ¿tú eres tonto o qué?

–No, pero estoy perdido. Y me tienes que ayudar.

Eva echó a andar. Él la siguió, mientras le explicaba:

–Mira, estoy aquí por casualidad. Bueno, no por casualidad, pero casi. La verdad es que se trata de un error; mejor dicho, de un problema. Tienes que ayudarme a volver al sitio de donde he venido. Si no, se va a liar una buena en casa.

–¿Dónde vives?

–Ya te lo he dicho. En Nuevo Teruel.

Eva se detuvo y se volvió hacia él, enojada:

–¿Pero qué bobada es esa de Nuevo Teruel? ¡De verdad, Mot o como te llames, que ya me estás hartando!

Mot puso más cara de pena de lo que aconsejaba el blurk para decir:

–Bueno, pues vivo donde tú quieras, pero, por favor, ayúdame.

–Si es que dices unas cosas muy raras. Como lo de la esfera y lo de la gala...

–Cala.

–¿Ves? ¡Cala! Otra bobada.

–¿Una bobada? El cala es el Comunicador Automático de Largo Alcance.

–Bah... Déjame en paz.

–Por favor, créeme.

–¿Pero qué quieres que te crea?

–Que estoy en un lío.

–Eso ya puede verse. Y además te vas a enfriar con ese pijama como sigas así.

–¿Qué pijama?

–El que llevas. Con el frío que hace...

–No es un pijama. Es mi traje.

–Traje o lo que sea eso, te vas a resfriar igual.

–Es un traje térmico. Protege del frío y del calor.

Eva reanudó su marcha y Mot repitió una y otra vez que tenía que regresar hasta el sitio donde le había encontrado y que él no sabría cómo hacerlo. La chica anduvo sin decir palabra, hasta que llegó a un edificio de color rojizo.

–Ya he llegado. Esta es mi escuela. Llego tarde por tu culpa. Adiós.

El chico se quedó a la puerta viendo cómo la muchacha dejaba su primitivo robot junto a otros, en lo que debía de ser una terminal de bicis o algo parecido.

Vio con horror cómo atravesaba el patio y se dirigía a unas escaleras. Dentro de nada, se quedaría solo en ese planeta del que no sabía ni el nombre. Le entró tanto miedo que echó a correr hacia ella, y le suplicó con ojos llorosos:

–No sé cómo pedirlo, pero, por favor, tienes que ayudarme. Por favor, Eva...

Ella se volvió y dijo:

–Está bien. Te doy un cuarto de hora para que me digas cómo puedo ayudarte, pero pienso que lo mejor sería que fueses a la policía o al médico.

–Gracias.

La chica se quitó la mochila y el anorak. Mot comprobó que Eva no era ni mucho menos deforme, como le pareció al principio, con el gorro y esa gruesa funda cubriendo su cabeza y su cuerpo.

Ella le condujo a un parque junto a la escuela. Se sentaron en un banco soleado. Mot ya había pensado en algo para convencer a la muchacha. Propuso:

–Mira, Eva, para ayudarme de verdad tengo que hacerte unas preguntas. Algunas te parecerán extrañas, pero respóndeme sin comentar nada. Luego te prometo que te lo explico todo. Incluso te daré pruebas de lo que me pasa.

–Pregunta.

–Primero: ¿has oído hablar de las Cápsulas Temporales?

–No.

–¿Dónde estamos?

–En Alfambra.

–¿Qué más?

–¿Cómo «qué más»? Alfambra, provincia de Teruel.

–¿Teruel de España?

–Pues claro.

–¿Teruel del planeta Tierra?

–Si empezamos así...

–No, por favor... Espera... Me lo has prometido.

–Bueno. ¿Qué más?

–¿En qué año estamos?

–Me voy...

–No, por favor. Esto es lo más importante. Dime por lo menos el siglo.

–¡Buf! Dos mil y pico.

–¿Ya hay naves espaciales?

–Claro.

–¿Y gente en otras estrellas?

–¿Te refieres a marcianos?

–No, no, ya sé que marcianos no hay. Digo humanos en otras estrellas, o por lo menos en otros planetas.

–No... Menos tú, claro.

–Yo soy de la Tierra.

–Ah, menos mal... Creía que ibas a decirme que venías en una nave desde algún lugar muy lejano de la Galaxia.

–No. Soy terrícola. Nací en Nuevo Teruel, bueno, en Teruel. Pero no ahora.

–Ya sé... Me vas a decir que vienes del futuro.

–Sí.

–¿Lo ves? No tenía que haberme dejado engañar. Tú lo que quieres es ligar conmigo, pero te aseguro que estás muy pero que muy equivocado.

Eva se puso en pie, dispuesta a irse, pero Mot la agarró de la manga. Suplicó:

–No sé qué es ligar, pero no quiero engañarte. Es que las cosas son así, y en realidad no sé muy bien cómo han ocurrido. Mejor dicho, sí lo sé, pero es difícil de explicar. Tengo pruebas de que vengo del futuro.

–¿Pruebas? Muy bien. Voy a intentar creerte. A ver... Dame tres pruebas de cosas que vayan a ocurrir en el futuro.

La chica se sentó y Mot se alegró.

Pensó que sería fácil, porque él había escuchado muchas emisiones de cala, en las clases de Ciencias Mundiales.

Y explicó a Eva tres cosas que sabían hasta los niños de pecho de 3333:

A finales del siglo XXI se establecieron las primeras bases en la Luna y en Marte.

En el siglo XXII se fabricaron los primeros robots inteligentes, justo al tiempo en que se descubría la antigravedad.

En el siglo XXVI, gracias al teletransporte, se pudo viajar por toda la Galaxia y más allá.

11
NOÉ

A Eva no le convencieron nada esos tres sucesos. Podían ser ciertos o no y ella no podía comprobarlos. Dijo:

–Eso son paparruchadas. Yo quiero algo de mañana o de pasado... Incluso algo que venga hoy en el periódico.

Mot pensó que si su cala funcionara podría leer noticias del año dos mil y pico, pero no había manera. Y eso que sacudió varias veces la cabeza para intentar conectarlo.

El chico intentó convencerla:

–Tengo mi esfera. ¿Quieres verla?

–Bueno. A ver.

–Está allí, escondida en el sitio donde me encontraste.

–Bueno, ya ha pasado un cuarto de hora, como ves. Me voy a clase.

–¡No, no! Espera, tengo algo.

Mot abrió el bolsillo de la camisa y sacó su lupa. Se la enseñó a Ada.

–¿Cómo lo has hecho?

–¿El qué?

–Lo de abrir así el bolsillo.

–Ah, sí... Mira...

El traje de Mot era especial para la gente del dos mil y pico. En apariencia estaba cerrado, pero sus bolsillos se abrían cuando uno acercaba los dedos. Ante los ojos pasmados de la muchacha, Mot repitió el juego, metiendo y sacando la lupa de la camisa y los pantalones.

Eva estaba asombrada.

–¡Qué buen truco!

–No es un truco. El traje es así. Es un tejido inteligente, ya te dije. Y térmico.

–Ya.

–¿No me crees? Mira...

Mot estiró las mangas, el cuello y los faldones de su camisa. Esta se agrandó, pero sin deformarse, como si de repente hubiera aumentado diez tallas. Luego, se subió una de las mangas, que quedó replegada en el brazo, sin una arruga.

Hizo lo mismo con una pernera del pantalón. A Eva le hizo gracia, porque le parecía un payaso.

–¿Dónde lo has comprado?

–En la tienda. Es el traje que tenemos todos en mi época.

–Estás empezando a caerme simpático. Dime la verdad: ¿vienes de un circo?

–No, en serio, verás... ¿Tienes algo que corte? ¿Un cuchillo o así?

–¿Un cuchillo? Estás chalado...

–U otra cosa. Quiero hacer algo.

Eva dudó, pero abrió su mochila y sacó un estuche. A Mot le gustó esa caja llena de objetos tan coloridos.

–¿Qué es eso?

–¿Qué va a ser...? Pues un compás...

Mot tomó un objeto extraño, del que no conocía el nombre. Tenía una punta aguzada en un extremo. Lo clavó en la manga y produjo un desgarro. Eva se alarmó:

–¿Pero qué haces?

–Ahora verás...

Mot unió los bordes y puso la mano sobre el roto. En unos segundos, la manga apareció intacta. Como si hiciera publicidad del traje, añadió:

–Además, repele las manchas, no se arruga y es impermeable. Tiene capucha, guantes y ocho bolsillos. Puede cambiar de color, pero para eso necesito un aparato que tengo en casa.

Eva quedó pensativa. Aún no se creía lo que Mot le contaba, pero reconocía que su traje no era muy normal.

–Bueno, no me lo creo todavía, pero cuéntame cómo has llegado hasta aquí.

A la chica le resultó increíble lo de las esferas, el iris, el limpiabot, la lupa, el entrenador, el robomano... Sin embargo, admitía que el chico era imaginativo.

A partir de lo que sabía de blurk, Mot dedujo por los gestos de Eva que al menos comenzaba a dudar. Propuso:

–¿Quieres ver la esfera?

–Pero yo tengo que ir a la escuela...

–¿Y no puedes contar algo, diciendo que tienes que volverte a casa?

–No sé... A lo mejor...

Eva se levantó y dio vueltas alrededor del banco. Por fin, sin decir nada, se puso el anorak, tomó la mochila y se fue. Cuando estaba a veinte pasos, dijo:

–Ahora vuelvo. Espérame.

Pasado un rato, ella apareció. Hizo un gesto y Mot se levantó. Tomaron la bici e hicieron el camino de vuelta. No pronunciaron una palabra, pero cuando dejaron el camino liso y tomaron el sendero empedrado, el chico preguntó:

–¿Qué has dicho en la escuela?

–Cosas de chicas.

Al tiempo que sentía en el trasero los golpes de la rejilla metálica, Mot comenzó a sentir hambre. Trató de recordar: ¿cuánto hacía que no comía nada? Por lo menos, mil años...

Eva condujo su bici hasta llegar a la valla de una casa. Mot se sorprendió, porque esperaba que le llevase hasta donde estaba la esfera. Preguntó:

–¿Por qué me traes aquí?

–Aquí vivo yo.

–Pero, pero...

No le dio tiempo a protestar. Dejó a Mot con la bici a la entrada y llamó:

–¡Noé! Noéee...

Mot intentó dejar la bici de pie y se sorprendió porque no se sujetase sola. La sostuvo fuerte y miró alelado la casa, esperando que apareciese alguien. Eva siguió llamando, mientras se dirigía hacia otro edificio más sencillo, del que salió un hombre con un cubo en la mano.

–Hola, tío.

–Hola. ¿Cómo es que no estás en la escuela?

–Me encontraba mal. Ya sabes, cosas de chicas. Ven, te presentaré a alguien.

El hombre caminaba de una forma especial. Mot notó que tenía una pierna más corta que la otra. Tuvo la sensación de que la gente del siglo XXI era muy muy primitiva.

El chico avanzó llevando la bici por el manillar. La condujo de una forma torpe, golpeándose las pantorrillas con el pedal. La muchacha les presentó:

–Mot, este es mi tío Noé. Tío, este es Mot. Lo encontré al volver del colegio. Trabaja en un circo y es hijo de unos titiriteros rumanos que van a Zaragoza. Salió del remolque a dar una vuelta y su familia partió sin echarle en falta. Supongo que en unos días vendrán a buscarle. Puede quedarse aquí mientras. ¿Te parece?

¿Titiriteros? ¿Rumanos? ¿Remolque? Mot pensó que la gente del dos mil y pico tenía mucha fantasía.

Noé tendió la mano y Mot condujo la bicicleta hasta ponerla junto a los dedos del hombre. Al soltarla, la bici se inclinó y el hombre la sujetó. El chico pensó que esa máquina estaría mejor con sus dueños que en sus manos. Eva aclaró:

–Es un poco raro e incluso algo bobo, pero parece buen chico. Ya te acostumbrarás.

Mot apenas oyó las palabras de la muchacha. Estaba preocupado por descubrir a qué se debían unos olores desagradables que llegaban hasta él. Por eso, y por unos ruidos que venían desde la casa de la que había salido el tío Noé.

Eva condujo la bici hasta la puerta de la casa. Mot se admiró porque no se golpeara las piernas con el pedal. El tío volvió a sus ocupaciones. La chica llamó desde la entrada:

–Entra. ¿Quieres desayunar?

Mot caminó hacia ella mientras sus tripas hacían un ruido infernal y la boca se le llenaba de saliva. ¿Desayunar? ¡Esa sí era una buena idea!

Ante el tazón de leche, Mot sintió cierta repugnancia. La chica lo notó:

–A lo mejor quieres cacao.

Sin esperar respuesta, Eva vertió en el tazón un par de cucharadas y removió. A Mot le pareció que aquello tenía un aspecto más agradable. Sentía un hambre feroz, sobre todo ante los platillos y latas que ella iba sacando del armario:

–¿Galletas? ¿Magdalenas? ¿Cereales? ¿Mermelada...? ¿Qué prefieres?

Mot tomó de todo. Al principio, observando las cosas con atención. Luego, oliéndolas. Al final, devorándolas. Tuvo que reconocer que todo estaba delicioso.

Hacía un buen rato que no pronunciaba palabra. Mientras la chica hablaba y hablaba, Mot no dejaba de pensar:

Que se había metido en un buen lío.

Que sus padres estarían muy preocupados por él.

En cómo se las iba a apañar para salir de allí.

12
NI LAS MOSCAS MUERDEN NI LOS POLLOS PICAN

DESPUÉS DE DESAYUNAR, Mot se dio una vuelta por la casa. Estaba asombrado. No entendía por qué las lámparas estaban atadas al techo ni por qué los muebles no se metían en la pared, y menos todavía que aquel fuera un lugar tan grande para solo dos personas.

De vez en cuando, preguntaba a Eva:

–¿Qué es eso?

–Un interruptor, ¿ves? Enciendo, apago, enciendo...

Otras preguntaba, asustado:

–¿Qué es eso?

–Una mosca.

–¿Muerde?

–No, chupa pero no muerde.

Y otras preguntaba, alelado:

–¿Qué es eso?

–¡Pues una lavadora! Vaya birria de futuro del que dices que vienes, que no conoces interruptores ni lavadoras.

Pero lo peor vino cuando salió de la casa. Al cruzar el jardín, un pollo se metió entre sus pies. Soltó un grito aterrador que espantó al animal e hizo que Eva se desternillase de risa.

–¡Ja, ja! Es solo un pollo, hombre.

–¿Qué hace?

–Nada. Los pollos ni pican ni muerden. Van a su bola. No te preocupes.

–¿Y por qué tienes animales?

–Los criamos.

–¿Para qué?

–¡Para qué va a ser! Las gallinas ponen huevos y los pollos se comen.

–¿Os coméis eso?

–Claro. Está muy rico, ya verás.

Mot tuvo ganas de vomitar. Pidió a Eva con gesto serio:

–Por favor, si alguna vez pones pollo para comer, me avisas, ¿eh? Esta mañana no lo habremos comido, ¿no?

–Tranqui, hombre. Para desayunar nunca se come carne.

–¿Y luego sí?

–A veces. Carne o pescado. Depende.

–¿Y moscas también?

–No, moscas no. ¡Qué asco!

–¿Y por qué moscas no y pollos sí?

–No sé..., es distinto... Muy distinto.

A Mot no le convencían las razones de Eva, pero no discutió. Salieron de la finca y se dirigieron por el campo hacia la arboleda que Mot había contemplado a su llegada.

El chico caminaba pensativo. Eva lo notó y decidió callarse, pero al rato no pudo aguantar más:

–¿A que no es cierto lo que me has contado?

–¿Lo del futuro?

–Sí. Mira, ya te he ayudado. Ahora puedes decirme la verdad. Te prometo que no me voy a enfadar.

–Es verdad. Vengo del futuro. Lo comprobarás pronto.

De la arboleda llegaba una algarabía de pájaros. Mot quiso saber a qué se debía ese ruido, pero estaba ansioso por llegar junto a la esfera. Sostenía la esperanza de que quizá las Cápsulas Temporales no funcionasen de noche y que esa hubiera recargado energía. De ser así, ahora podría irse sin problemas.

Por fin llegaron hasta los arbustos. La esfera estaba allí, reluciente y llamativa. Eva quedó asombrada y fue hacia ella.

La chica intentó tocarla, pero Mot se adelantó:

–¡No la toques!

–¿Por qué?

–No sé. A lo mejor no funciona bien con personas de tu siglo. Yo lo intentaré.

El chico acercó la mano a la cápsula, pero esta no se abrió. No se abrió aunque la tocó con la derecha y con la izquierda. Tampoco cuando pronunció su nombre y su clave. Ni cuando lo intentó con algunas palabras que parecían contraseñas:

–¡Vamos allá!

–¡Ábrete de una vez!

–¡Llévame a casa!

Mot, desesperado, la palpó acá y allá, pero nada. Al rato se rindió y observó que tenía la mano cubierta de un líquido marrón. Dijo asustado a Eva:

–Pierde aceite. ¡Seguro que se ha averiado para siempre!

–Qué aceite ni qué ocho cuartos... ¡Es una cagada de pájaro!

–Una ¿qué...?

Haciendo aspavientos, Mot anduvo con la mano extendida, sin saber qué hacer. Eva rió y sugirió al muchacho:

–Frótala contra la hierba. Cuando lleguemos a casa, te lavas y ya está. No te preocupes, que no se te va a pudrir.

Después de frotarse a conciencia, el chico dejó que Eva intentase abrir la esfera, pero no hubo forma. Mot pensó con un escalofrío que quizá tuviera que quedarse a vivir para siempre en el sucio y salvaje siglo XXI. Desde luego, el asunto no le hacía ninguna gracia.

Tras cubrir la esfera con unas ramas, volvieron a casa sin pronunciar palabra. Eva pensaba que si era cierto lo que Mot decía, ese chico debía de estar muy pero que muy intranquilo.

Hasta la hora de comer, Mot permaneció sentado a la puerta, sin ganas de pasear ni curiosear por los alrededores. De vez en cuando sacudía la cabeza para probar si su cala funcionaba, pero estaba convencido de que las ondas Z no llegarían desde el siglo XXXIV hasta el XXI.

El chico pensaba en su problema mientras veía cómo Noé daba de comer a los pollos y las gallinas que correteaban por el patio, llevaba brazadas de heno de un lugar a otro o recogía hojas secas del suelo del jardín.

Eva, que salió en ocasiones a verle, se contagió de su aire pensativo. Daba vueltas a la situación del chico. No se creía lo del viaje desde el futuro, pero mientras le preparaba una comida vegetariana, se convencía de que estaba en apuros.

Y no sabía muy bien cómo ayudarle.

Comieron los tres, sin hablar demasiado. Mot preguntaba de vez en cuando por los ingredientes, pero Eva le aseguró que nada de lo que tenía en el plato era capaz de moverse, ni de chupar, ni de morder, ni de picar...

El tío Noé preguntó:

–¿Eres vegetariano? Es raro en un chico de tu edad, eh.

Como Mot no respondió, Eva aclaró:

–Es vegetariano más o menos. No te apures, tío, verás cómo se arregla su situación. Es que ahora está preocupado.

El chico daba vueltas a los espaguetis con salsa de verduras, llevándoselos lentamente a la boca.

Y, entretanto, pensaba.

Y pensaba.

Y daba vueltas a su situación.

Y en un momento dado, se levantó de la mesa y dijo:

13
¡ESTO ES UNA BROMA DE LA FÁBRICA DE DIVERSIONES!

–¿CÓMO?

–¡Eso! Que esto es una broma de la Fábrica Universal de Diversiones.

El tío y su sobrina se miraron alelados.

–No entiendo qué quieres decir.

–Yo fui a una de las FUD, ¿verdad?, porque quería divertirme. El robomano creó esta diversión, para que no me aburriese. En realidad, es como si estuviera en mi cuarto jugando. No es que haya venido al pasado, sino que estoy dentro de un juego. O sea, que cuando quiera podré volver a casa...

Eva pensó que el chico se había vuelto majareta. Ya era extraño lo que contaba de su viaje desde el año 3333, pero lo de las FUD era aún más disparatado.

En cuanto al tío, miraba a su sobrina pidiéndole una explicación. Ella le tomó de la mano y dijo:

–No te preocupes, Noé. Está un poco trastornado con lo que le ha ocurrido. Luego te explico.

Y se dirigió a Mot con gesto serio:

–O sea, que para ti somos un juego, una diversión.

–Sí.

–Y los pollos, las moscas, los espaguetis y las lavadoras...

–S... sí.

–Bueno, pues deja de jugar y vete. Ahí tienes la puerta.

Mot quedó pensativo. Ahora no estaba tan seguro. ¡Era todo tan real...! En los juegos de las FUD, por ejemplo, no olía, ni había tantos sonidos... Desde luego, jamás se veían moscas, ni pollos. Monstruos y bichos extraños sí, pero nunca moscas.

El chico volvió a sentarse.

El resto de la comida estuvo callado. Noé y Eva intercambiaron algunas frases relativas a tareas que debían hacer el fin de semana. Cuando acabaron de comer, el tío dijo a la chica:

–¿Me echas una mano con los platos?

Mot sabía que era una excusa para charlar los dos solos. Mientras, él se quedó sentado en el salón hojeando una revista... ¡de papel auténtico! Oyó los cuchicheos que venían de la cocina. Sin duda, ella le estaba contando todo lo que sabía de ese chico de aspecto delgaducho, vestido con esas ropas extrañas, con la cabeza sin un solo cabello...

Y, claro, lo que Eva contaría a Noé no sería fácil de creer.

Para el mismo Mot, resultaba increíble.

Después de limpiar los cacharros y recoger el mantel, tío y sobrina se sentaron frente a él. Noé dijo:

–Mira, Mot, no sé realmente qué ocurre. Eva me ha contado lo que dices, y a mí no me parece ni mentira ni verdad. Eso no importa. Lo que veo es que estás en dificultades y debes volver con tu familia, si tienes familia. Puedes quedarte aquí mientras intentamos localizarla.

El hombre hablaba con calma y Mot supo por sus gestos que era sincero. Noé siguió:

–A veces, las personas sufren un accidente y pierden la memoria, o imaginan que son personas que no son. Te propongo que esperemos unos días, a ver si aclaramos lo que te sucede. No tendrás un número de teléfono al que llamar, o una dirección a la que escribir una carta, ¿verdad?

A Mot le parecía razonable lo que el hombre explicaba. Comenzaba a pensar que la gente del siglo XXI no era tan salvaje como parecía. Respondió:

–No sé qué es un teléfono. Y tengo dirección, pero de mi casa del futuro.

–¿No sabes qué es un teléfono? Mmm... Puede ser un caso de amnesia.

–¡No es amnesia! Recuerdo todo, pero es que hay cosas que no he conocido nunca. Pero sé qué son otras cosas.

–Bien. No vamos a discutir ni a aclarar nada ahora. Ya digo: puedes quedarte y el lunes pensamos qué hacer. ¿Te parece? Quizá las cosas se arreglen antes de lo que pensamos.

La reunión acabó ahí. El tío dijo que iba a descansar un rato y caminó renqueando hacia su cuarto.

Eva, que no había dicho una sola palabra, dedicó una sonrisa al muchacho. Luego, le pidió que se acercara y le enseñó un teléfono:

–¿De verdad no has visto nunca esto?

–No. ¿Qué es?

–Un teléfono. Mira... Escucha...

La chica levantó el auricular y lo acercó al oído de Mot. Este oyó el pitido y puso ojos de no entender. Ella marcó unos números y el pitido cambió. Puso el aparato entre ambos y habló:

–¿Ana? Soy yo, Eva... Sí, estoy bien... No, es que tenía unas cosas que hacer y he dicho que no podía ir... Ya te contaré... No, el domingo no puedo. Hablaremos... Sí, adiós.

Mot estaba asombrado por lo que veía y, sobre todo, por lo que oía. ¡Qué aparato tan grande! ¡Y qué extraña la voz!

Al rato, sentados en el pequeño porche de la parte delantera de casa, Mot acercó los dedos de Eva a su cala, detrás del pabellón de la oreja. La chica palpó lo que parecía un huesecillo en el lado izquierdo, mientras Mot le contaba las ventajas de ese instrumento de comunicación.

Era maravilloso, pensaba Eva. Pero tenía un fallo: no comunicaba desde el pasado hacia el futuro, ni al revés.

Una hora más tarde, Noé se levantó y se puso a trabajar.

Eva y Mot hicieron planes. La chica quería enseñar al muchacho los alrededores. Pidió permiso al tío para aplazar al día siguiente las tareas de la tarde, y este accedió. Pero antes de que salieran, dijo:

–No volváis muy tarde. Antes de que se haga de noche, quiero ir a ver esa esfera.

A pie, los chicos caminaron por los alrededores. Mot comprobó que la finca era extensa y que estaba aislada en medio del campo, rodeada por una valla de piedra toscamente apilada, de un metro de altura. En tres lugares había huecos por los que, según Eva, salían los animales a los prados cercanos.

Por primera vez, a distancia, Mot vio ovejas, vacas y un caballo de verdad. No quiso acercarse a ellos, a pesar de que Eva insistió en que todos eran mansos.

Mot preguntaba por todo. Para qué servían las torres de alta tensión. Cómo se llamaban los árboles altos y plateados que veía en el horizonte. El nombre del insecto que volaba a su alrededor, con esas alas de tantos colores. Cómo era el pueblo vecino. Por qué hacía tanto ruido la máquina que veía en el cielo y que dejaba una estela blanca...

El muchacho se daba cuenta de que había un montón de cosas que desconocía, aunque de algunas, como

de los aviones, había oído hablar en las clases de Ciencias Mundiales que hablaban del pasado.

Antes del atardecer, volvieron a la casa. Noé esperaba en el porche leyendo un libro. Se había duchado y vestido con un pantalón y un jersey de cuello alto.

Los tres llegaron hasta la esfera y el tío se quedó pensativo mientras daba vueltas a su alrededor. La palpó en varias ocasiones y una de las veces acercó el oído. Dijo:

–Oye, esto zumba un poco, ¿no?

Los chicos se aproximaron a la esfera y notaron que sí, que del interior venía un suave zumbido.

Animado al comprobar que la máquina aún funcionaba, Mot intentó abrirla, colocando sus manos en distintas zonas, pero sin éxito. También lo intentaron Eva y Noé, con el mismo resultado. Antes de irse, Noé dijo:

–Hoy es tarde, pero mañana intentaremos llevarnos esto de aquí. Tarde o temprano, la gente lo encontraría.

Por la noche, después de la cena, Eva dijo a Mot:

–Mot, enseña al tío todos los trucos que puedes hacer con tu traje fantástico.

Noé quedó maravillado. Nunca había oído hablar de una cosa semejante. Pensó, como Eva, que había algo extraño en ese muchacho. Tal vez no dijera la verdad. O tal vez sí.

A Mot le acomodaron en una habitación de la planta superior, de techo abuhardillado. Estaba tan agotado y nervioso que se durmió a los pocos segundos de echarse en la cama.

Tuvo un larguísimo sueño, en el que se imaginaba:

Durmiendo en su casa.

Trabajando con su equipo.

Viajando con sus padres.

Jugando con Ada.

14

¡QUIERO VOLVER A MI CASA!

EL SOL ENTRABA COMO UNA CATARATA por la ventana inclinada situada en el techo. En el aire flotaban diminutas partículas de polvo, que brillaban como estrellas.

Mot pidió la hora a su cala.

Pero enseguida se dio cuenta de que ese aparato estaba mudo. Y recordó los asombrosos acontecimientos de los dos días anteriores. Tenía la sensación de que habían transcurrido meses desde que se fue de casa.

Junto a su cuarto había un pequeño baño. Hizo pis y trató de adivinar cómo funcionaban grifos y tapones, y para qué servían los botes que había en las repisas.

Eligió el agua fría para ducharse. No entendió cómo en esa época solo había agua a dos temperaturas. Una, helada. Otra, hirviendo. Dejó caer solo la suficiente para despabilarse.

Aterido, esperó a que se activaran los secadores. A pesar de pulsar el interruptor varias veces, comprobó que por ningún sitio salía ni un miserable chorro de aire.

Se secó dando saltos sobre el suelo y aleteando con los brazos, como si fuera un pájaro picado por una avispa.

Luego, bufando, se puso el traje y bajó a desayunar.

Eva estaba sentada a la mesa, con un montón de libros y un cuaderno.

–¡Buenos días! Vaya dormida, ¿eh?

–¿Qué hora es?

–Las once y media.

–¿Tan tarde? Sí, me dormí.

–¿Qué quieres desayunar? Tengo masa para hacer tortitas. Te las preparo en un minuto.

–¿Tienen pollo?

–No, hombre, no.

Sentía un hambre feroz. Se zampó cuatro tortitas con caramelo y un tazón de leche con cacao. Mientras comía, apareció Noé, vestido con su mono de trabajo. Se sentó a la mesa y tomó el par de tortitas que sobraban.

Mot, que aún no se había acostumbrado a ver personas con pelo, no hacía más que observar al hombre. Tenía pelos no solo en la cabeza, sino en la parte superior del pecho, que sobresalían por el hueco que dejaba el mono abierto. Y en los brazos. Incluso en la parte superior de la mano y de los dedos. ¡Qué asco...!

Por lo menos, la chica solo los tenía en la cabeza.

En un momento dado, la mano del tío quedó cerca de la suya. Tuvo la tentación de tocársela, para comprobar si los pelos pinchaban o no. Pero le daba tanta repulsión...

Eva se dio cuenta de que Mot observaba el vello de su tío y preguntó al muchacho:

–Oye, ¿y la gente de tu época no tiene ningún pelo?

–No.

–Lo que se hace más raro es que no tengas pelillos en las cejas. Pareces una rana.

–¿Qué es una rana?

–Un día veremos alguna. Oye... y... ¿y en ningún otro sitio tenéis pelillos? Ni en..., no sé...

Mot no entendía en qué otros lugares del cuerpo podrían tenerse pelillos. La chica pensó en distintos sitios y al final preguntó:

–¿Ni dentro de las orejas?

–¡¿Y para qué queréis pelillos dentro de las orejas?!

Decididamente, pensó Mot, la gente del siglo XXI era rara.

Después de desayunar, fueron a donde estaba la esfera. El tío llevaba al hombro una soga. Mot tuvo ganas de preguntarle qué le ocurría en la pierna tullida, pero no se atrevió.

Intentaron abrir la esfera acercando las manos como lo hacía Mot, pero la cápsula parecía moribunda, porque de ella venía ese suave zumbido, quizá algo más apagado que el de la víspera. Noé la observó con atención, en cuclillas, tanteando con las yemas de los dedos.

–¿Y dices que se abre por la mitad?

–Sí. Con un «pssss». Aunque esta hacía «fiuuum».

–No se ve ninguna unión. Parece totalmente sólida.

Mot nunca había observado tan de cerca una esfera. Era cierto. No se veía ninguna grieta, como si jamás se hubiera abierto por la mitad. No le pareció una buena señal.

Noé intentó moverla y la encontró muy ligera. La golpeó con los nudillos y se oyó un sonido sordo. Se rascó la cabeza:

–Curioso. Es liviana y, sin embargo, no suena como si fuera hueca. Bueno, vamos a llevárnosla.

La cuerda resultó innecesaria. Había algo de pendiente desde allí hasta la casa, así que la hicieron rodar, el tío delante y los chicos detrás. En alguna ocasión, la cápsula botaba al chocar con las piedras y Mot temía que se averiase.

–Cuidado. Con cuidado, por favor.

Al llegar a la entrada, Noé opinó que debían guardarla en el pajar. Mot comprendió que hablaba del edificio donde el tío solía trabajar.

Al chico le sorprendió que ese lugar no tuviera ventanas ni cristales. En realidad eran dos zonas distintas: una tenía en su interior una enorme máquina; de la otra llegaban sonidos inquietantes.

Mot y Eva se quedaron con la esfera mientras Noé subía a la máquina y la echaba a andar con un ruido ensordecedor y en medio de un espeso humo de color negruzco.

El chico puso cara de asco al notar el olor. Eva le tranquilizó:

–Eso se llama tractor. Sirve para trabajar en el campo.

Noé aparcó el tractor fuera. El interior de ese cobertizo estaba en penumbra. Empujaron la esfera hacia el fondo y la colocaron junto a un montón de fardos, apilados unos sobre otros hasta el techo.

A medida que Eva observaba el rostro de sorpresa de Mot, le iba explicando:

–Eso es paja: comida para animales... Eso es un rastrillo, para recoger hojas y hierbas secas... Una azada, para cavar el huerto... En el huerto se plantan tomates, lechugas, cebollas, pepinos... Nada de eso muerde, je, je.

Cuando aparcaron la esfera, Mot colocó de nuevo la mano sobre ella. Nada.

El resto del día, Mot y Eva se ocuparon de algunos trabajos. El chico vio de cerca, en la caseta que había junto a donde habían dejado la esfera, unas ovejas que criaban a unos corderos, y el gallinero donde pasaban la noche las aves.

Estaba asombrado y, sobre todo, horrorizado:

–¿Y todo esto os lo coméis?

Eva comenzaba a sentirse un poco avergonzada ante el chico, que insistía:

–¿Y a los pequeños también?

–Bueno..., eh... No..., los pequeños se hacen mayores... y luego... sí..., pero no a todos. Algunos se venden.

–¿Para qué?

–Esto... para... comer. Pero también algunos para criar.

Por las noches, el corazón de Mot se encogía.

Era cuando aparecían los bichos. Bichos reptadores, como las salamanquesas. Bichos voladores, como las polillas y los murciélagos. E incluso bichos invisibles pero ruidosos, como los grillos.

No quería demostrar su miedo, pero le daba pánico subir a su habitación. Le daba terror pensar que bajo las mantas pudiera encontrar algún pequeño monstruo peludo y negro. Incluso que durante la noche se pudiera subir a su cama.

Por eso dormía envuelto en la sábana, como si estuviera encerrado en un capullo.

Y por las mañanas, no eran velociraptores los que le despertaban, sino algo más terrible: el canto agudo de un animal monstruoso. Un animal por el que preguntó a Noé una mañana.

Según supo, se llamaba *Ga Llo.*

Pero fue acostumbrándose a los animales. Al comienzo, en cuanto veía un bicho, aunque fuera tan pequeño como una hormiga, daba un respingo y se alejaba de él dos metros.

Pero luego, solo se separaba medio metro.

Eva le dijo que únicamente debía temer a los escorpiones.

–¿Y dónde hay escorpiones?

–Por aquí no los hay.

–¿Y cómo son?

La tarde del domingo le invadió una terrible melancolía, como le ocurría en casa cuando el lunes tenía que volver a clase con su equipo.

Echaba de menos a sus padres. Pensaba que estarían preocupados sin saber de él. Estaba seguro de que si volviera le perdonarían, pero temía no verlos nunca. Cuando fue a Cisne o al Fuff estuvo lejos, pero ahora le separaba de ellos algo realmente distante: nada menos que mil trescientos años.

Comprendió en ese momento el significado de la inscripción «–1331» en el visor de la esfera, pero saberlo no le produjo ningún consuelo.

Mot tuvo ganas de llorar y salió de la casa. Eva estuvo a punto de seguirle, pero Noé la sujetó por el brazo.

Mientras aparecían las primeras estrellas, Mot lloró pensando que no tenía siquiera el consuelo de pensar que sus padres estaban por ahí, en el cielo. Porque quedaban muchos muchos años hasta que ellos nacieran. Gritó:

–¡¡¡Quiero volver a mi casa!!!

A su lamento respondieron los balidos de algunos corderos del establo. Y una lechuza.

Y el tío Noé, que dijo desde la ventana:

–Pobre chico.

Mot siguió gritando, aunque ahora en silencio:

Quiero volver a mi casa.

Quiero volver a casa.

Quiero volver...

15
El comienzo de una nueva vida

A PARTIR DEL LUNES, Noé y Eva recuperaron cierta rutina. La chica fue al colegio y el tío volvió a sus ocupaciones porque, como él decía:

–Los animales no saben nada de los días de la semana. Jueves o domingo, martes o sábado, tienes que ordeñar las vacas, echar grano a las gallinas o vigilar que los corderos se prendan de los pezones de sus madres.

Mot tuvo que acostumbrarse a una nueva vida.

Y esa vida del siglo XXI resultaba dura. No había una sala de duchas que te pusiera el agua a la temperatura adecuada y te secara el cuerpo. No había un cocibot que te ofreciera el desayuno cuando pisabas la cocina. Ni limpiabots que recogieran las migas de debajo de la mesa. Y los muebles siempre estaban por medio, con lo que había que tener mucho cuidado en no tropezar con ellos.

Mot echaba de menos su cala. ¿Quién iba a avisarle si tenía fiebre? ¿Cómo iba a controlar sus obligaciones? ¿Quién le iba a leer libros y a explicar las clases de

Ciencias Mundiales, Matemáticas e Idioma Intergaláctico? Aunque, claro, lo que más echaba de menos era utilizarlo para charlar con sus padres, con Ada y con un montón de gente más.

El lunes y el martes, Mot desayunó solo. A partir del miércoles, pidió a Eva que le llamase para hacerlo juntos. Era un buen momento para animarse y tratar de organizar un poco el día. Ella sugirió que el muchacho la acompañase al colegio, pero él tenía sus razones para no hacerlo:

–¿Y qué voy a explicar a tus amigos? ¿Que vengo del futuro? Además, imagínate que se abre la esfera. Quiero estar aquí para comprobarlo.

Al comienzo, los días se hicieron muy largos. Lo primero que solía hacer Mot después de desayunar era ir al cobertizo donde estaba la esfera para intentar abrirla. A veces pensaba con angustia que habían hecho mal en trasladarla allí, por si a esa cápsula le diera por abrirse solo en el punto exacto donde aterrizó. Pero siempre se convencía de que en el garaje estaba más segura, apartada de ojos curiosos.

Como no tenía nada que hacer, su ocupación era ir a ver la esfera. La observaba con cuidado, comprobando que seguía herméticamente cerrada. Y cuando colocaba la mano sobre ella, tenía la sensación de que nunca cambiaba de temperatura, fuera noche o día, le diera el sol o permaneciera a la sombra. Si contenía la respiración y pegaba el oído, aún podía escuchar un leve zumbido.

Le parecía que esa era una buena señal, porque la esfera parecía cuidar de sí misma regulando su temperatura. Tal vez, pensaba, necesitara unos días para cargar sus células de energía y en cualquier momento le diese una sorpresa...

Durante las largas horas de la mañana, Mot paseaba por el interior de la finca asomándose por la tapia, observando la huerta, fisgando las herramientas del tío Noé o mirando cómo este trabajaba. Lo que menos le gustaba era ver a los animales e imaginar qué pasaría con ellos tarde o temprano.

Cuando el tío hacía faenas que no tenían relación con los animales, aceptaba su invitación:

–Voy a regar las tomateras. ¿Vienes?... Quiero reparar la valla que da al sur. ¿Me ayudas con este rollo de alambre?

Mot colaboraba en pequeñas tareas y luego se sentaba o permanecía de pie viendo trabajar a Noé. Comprobó que era un hombre callado, aunque a veces le parecía que hablaba en voz baja con las plantas y los animales, porque veía cómo sus labios se movían, aunque no emitía un solo susurro.

Un día, mientras el tío rastrillaba las boñigas de la yegua, se atrevió a iniciar una conversación:

–Así que es usted tío de Eva...

Noé siguió rastrillando y amontonando bostas y tras un rato, como si hubiera tenido que pensar la respuesta, dijo:

–Sí, aunque para mí es como una hija. Mi hermana y su marido la adoptaron de chiquita y siempre hemos estado muy unidos.

–¿Y dónde están sus padres?

–Quizá lo mejor sea que se lo preguntes a ella.

Noé no necesitaba muchas palabras para comunicarse con los demás, pero no resultaba antipático. A veces, cuando un tema le apasionaba, era capaz de dar extensas explicaciones:

–¿Ves esta planta? Se llama marrubio. Puede vivir hasta seis años. No hay que arrancarla, porque los animales la utilizan para curarse cuando están enfermos. Antes, sus hojas se utilizaban para desinfectar las heridas. Yo, si me hago alguna cortadura, me pongo una hoja encima unos minutos, ¿ves? Así... Y no hay peligro luego de que se te inflame...

El chico pensaba que era algo parecido a lo que hacía el rome familiar.

Para Mot, lo mejor llegaba cuando Eva volvía de la escuela. Hacía sonar el timbre de su bici apenas divisaba la casa y el chico salía a su encuentro.

Pasaban la tarde juntos, y a veces la chica le proponía:

–¿Te vienes allá arriba? Se ven unos preciosos atardeceres. El de hoy será bueno, porque hay nubes.

–No, no tengo ganas.

Eva sabía que en realidad Mot no quería estar lejos de la esfera. Comprobaba su temperatura de vez en cuando, pero además su vista casi siempre se desviaba hacia el cobertizo donde se encontraba aparcada.

El mundo del siglo XXI estaba lleno de sorpresas no solo para Mot, sino también para Noé y Eva. Por ejemplo, la primera noche que encendieron la tele, Mot dio un respingo en el sofá y preguntó:

–¿Por qué tenéis las imágenes encerradas en un cajón?

–¿Cómo que encerradas? Eso es una pantalla. Las imágenes se forman en ese cristal.

Y el chico explicaba cosas cotidianas del siglo XXXIV:

–Pues allí no. Hay aparatos que forman imágenes donde quieras: en el techo, en la pared, en la mesa... Además, eliges si son planas o tridimensionales y tú puedes escoger ser el protagonista de películas... Luego están las holopersonas...

Eva y su tío se extasiaban ante las explicaciones que Mot daba sobre los patiflops, los viclus, las BIOPILAS*... Aunque en otros casos no estaban de acuerdo con que la forma de vida hubiera mejorado mucho, como cuando el chico contaba:

–Sí, la comida se compra. Bueno, se encarga. Papá dice: «Tres cajas de proteínas, cinco de hidratos, dos frascos de vitaminas y quince sobres de saborizantes».

–¿Ah, sí? ¿Y qué hacéis con eso?

–Nosotros, nada. El cocibot lo mezcla todo y prepara los platos. Los colorea según queremos y tienen distintos sabores para el desayuno, la comida y la cena.

–¡Qué asco! Entonces, ¿no tenéis tomates como este?

–Casi. También tenemos comida redonda y roja que puede comerse entera o a trozos... Pero esta sabe mejor.

Una noche, Mot decidió no volver a ver la tele. Le daban repulsión las imágenes atrapadas en un cajón, pero, sobre todo, quedó impresionado al ver las noticias y preguntó a Eva:

–Oye: eso es mentira, ¿no?

–¿Qué?

–Lo de la guerra y las personas que lo pasaban tan mal.

–No. Es verdad.

–¿Y dónde ocurre eso?

–Pues en muchos sitios.

El tío Noé intervino para decir:

–Me alegro, Mot. Me alegro de que eso te parezca una crueldad. Eso significa que en algún momento entre tu época y la nuestra desaparecerán las barbaridades que a nosotros nos resultan cotidianas. Y ahora os dejo, chicos, que mañana tengo que madrugar.

Mot estuvo a punto de replicar a Noé, porque él sabía otras cosas. De sus clases de Ciencias Mundiales recordaba sucesos que era mejor callar a los habitantes del siglo XXI.

Cuando Noé se fue, los chicos se quedaron charlando:

–Mañana hará una semana que estás con nosotros.

–Sí.

–¿Echas de menos tu casa?

–Claro.

–No te preocupes, hombre; volverás tarde o temprano.

–Supongo.

–Sí, ya verás. Si la gente de tu siglo es tan lista, seguro que se entera de que estás aquí.

Mot no respondió.

No explicó a la chica que nadie, absolutamente nadie, salvo el robomano de la FUD, sabía adónde había ido.

Los robomanos estaban prohibidos.

Los Viajes Temporales estaban prohibidos.

Y la gente del siglo XXI estaba tan ocupada en comerse a los animales y en matarse los unos a los otros que a nadie se le había ocurrido cómo enviar a alguien hacia el futuro.

Esa noche, cuando subió a su cuarto después de visitar la esfera, Mot volvió a llorar, aunque tuvo un sueño precioso:

Eva y Noé vivían en su tiempo.

Viajaban por todo el mundo utilizando esferas.

Eva y Ada eran amigas.

El tío vivía en casa, con sus padres.

En el parque había animales que viajaban en patiflops...

16
Un poco de desesperación y otro poco de esperanza

Diez días después de la llegada de Mot, ocurrió algo inquietante.

Era antes de cenar. El chico había ayudado a Eva a llevar los pollos y las gallinas al gallinero. El tío Noé había conducido a la yegua al interior del vallado y comprobado el agua de los bebederos de las ovejas.

Antes de cerrar la puerta del garaje donde estaba la esfera, Noé hizo una comprobación. Y llamó al chico.

Mot y Eva llegaron corriendo. El tío solo dijo:

–Tócala.

La esfera estaba fría. Más que los días anteriores. El propio Mot había comprobado un par de horas antes que la cápsula mantenía el calor, pero ahora estaba más fría. Y ni siquiera con atención se podía escuchar el más mínimo zumbido.

El chico sintió un escalofrío que recorrió su espina dorsal. Llevaba días esperando un cambio. ¡Y ese no era para bien!

Eva intentó consolarle:

–No tiene por qué ser malo. A lo mejor recarga energía.

–No. Se ha apagado.

–¿Quién sabe? A lo mejor se apaga para luego volver a encenderse.

–No. Se ha muerto del todo. Ya lo verás.

–No te preocupes. Tarde o temprano vendrán a buscarte.

–No lo creo.

Al ver sus ojos húmedos, Eva le dejó solo. Pasados unos minutos, volvió a avisar de que ya estaba la mesa puesta y que el tío esperaba.

–No tengo ganas de cenar.

La muchacha insistió varias veces, intentando convencerle de que allí no hacía nada. Si la esfera se abría, argumentaba, Mot se enteraría de una forma o de otra. Además, dijo:

–Se me ocurre una idea. Te aseguro que es buena. Se la contaré al tío, a ver si le parece posible. Ven conmigo.

A pesar de lo que Mot sospechaba, la propuesta de Eva no era un truco. Se trataba de colocar un dispositivo encima de la esfera. Si esta se movía un milímetro, sonaría cualquier tipo de alarma. Tanto al tío Noé como a Mot les pareció buena idea y quedaron en que al día siguiente lo instalarían.

Esa misma noche, para consolar a Mot, colocaron un artilugio simple: una tabla de madera equilibrada en la parte superior, con unas esquilas de cabra en un extremo. Si la esfera se abría, las campanillas caerían sobre un bidón de cinc.

Por la mañana, la esfera seguía fría, pero fue subiendo de temperatura a medida que aumentaba el calor exterior, para volver a bajar cuando cayó la tarde. Era indudable que ahora la cápsula se comportaba como cualquier otro objeto. Mot dedujo que su energía interna se había agotado.

Esos días, ayudó a Noé con desgana y apenas tuvo ilusión por estar con Eva. Ya se había olvidado de intentar encender el cala, que resultaba inútil, y ni siquiera se acordaba de frotar el traje, lo que activaba la función autolimpiadora.

Además, vinieron las lluvias, y eso obligaba a permanecer durante mucho tiempo en el interior de la casa. El tío salía de ella cubierto por un grueso impermeable y se preocupaba al ver al chico cada vez más desganado. Ninguna de sus propuestas acababa de convencerle:

–¿Por qué no aprendes a cocinar?

–¿No quieres encender la tele?

–¿Por qué no diseñas un circuito eléctrico para el establo?

Mot agradecía los esfuerzos de Noé y de Eva para entretenerle, pero resultaba difícil entusiasmarse con algo cuando uno es un náufrago espacial. Peor aún, pensaba el chico: cuando uno es un náufrago temporal y no hay esperanzas de que una nave venga a rescatarte.

Noé y Eva habían comprobado que el chico tenía muchos conocimientos para lo joven que era. El primer diseño que hizo para controlar los movimientos de la esfera tenía tantos componentes extraños (rayos láser, ultrasonidos, biopilas, luz negra...) que era imposible de construir con lo que había en el cajón de herramientas del taller. Incluso con lo que había en ese momento en el planeta Tierra.

Al final, se las apañó con un trozo de cable, una linterna, una pila, un trozo de cartón y un timbre. Hicieron pruebas. Era tan eficaz que Noé pensaba que si una mosca tocaba el cartón, el timbre los despertaría a cualquier hora de la noche.

Poco a poco se producían pequeños cambios en Mot.

Tras una cena, Eva repitió la oferta que le había hecho otras noches:

–¿No quieres que te lave el traje?

–Si es que no necesita lavados...

–Pero estás siempre con la misma ropa. ¿No te apetece cambiar?

–No. Estoy cómodo.

–Oye: ¿tú crees que a mí me serviría ese traje?

–Claro, es talla única. Seguro que te sienta bien. ¿Quieres probártelo?

–¡Sí!

Quedaron en que Eva se pondría el traje de Mot y que ella le prestaría un chándal. Pero la chica dijo:

–Lo que no tengo son calzoncillos.

–¿Y eso qué es?

–Déjalo. Otro día te lo explico. O mejor: mañana te compro unos, para que veas cómo funcionan.

Mot fue a su cuarto con la ropa de Eva y al rato salió con su traje en la mano.

¡Era pasmoso!

Mot parecía totalmente distinto con esas ropas. Noé dijo, con una sonrisa:

–Pareces un terrícola de toda la vida.

–Soy un terrícola.

–Ya, hombre. Quería decir..., ya sabes.

La chica estaba deseosa de probarse el traje y preguntó:

–¿Hay que hacer algo con él?

–Espera, que lo limpio.

Mot frotó a conciencia las dos piezas y eliminó sus manchas. Eva preguntó:

–¿Estás cómodo con esa ropa?

–No sé. Por un lado pica, pero por otro resulta suave. Lo que noto es que el aire se mete por todas partes. Y no sé..., hay algo... raro... Es que...

Tan ansiosa estaba Eva por ponerse la ropa de Mot que no esperó sus explicaciones. Fue a su cuarto y al poco volvió.

¡Eso sí que era asombroso!

El traje se adhería a su cuerpo y mostraba sus formas, que pasaban inadvertidas con la ropa terrestre. El chico no podía retirar los ojos de ella. Las chicas que había visto con él no estaban tan guapas como Eva. Además, el cabello cayendo sobre sus hombros le daba un aspecto exótico. No supo cómo, pero sugirió balbuceando:

–A lo mejor... si te atas el pelo...

Eva, con gesto rápido, se sujetó la cabellera dejando al aire su cuello. ¡Estaba bellísima! El tío Noé también opinó:

–Te sienta muy bien, sí.

–Voy a mirarme en un espejo. Ven, Mot. Vamos a vernos.

Por primera vez, Mot entró en el cuarto de Eva, que abrió la puerta del armario y dejó a la vista un espejo. El chico se encontraba extraño dentro de esas ropas y se tocó la cabeza. Eva tuvo una idea. Le colocó un gorro y dijo:

–Así, mejor. ¡Mucho mejor!

Mot se observó en el espejo. Pero, sobre todo, observó a Eva. Estaba guapísima con ese traje. Y además, su sonrisa... Vio en el espejo que su mano estaba a pocos centímetros de la de ella. Tuvo ganas de tocarla. No lo hizo, pero se habría sentido feliz si ella hubiera agarrado su mano...

Eva desapareció del espejo y Mot volvió a sentirse solo.

Volvieron al salón. El chico enseñó a Eva a estirar las mangas, a fabricar guantes, a utilizar los bolsillos, a colocarse la capucha, a estirarse el faldón para hacer algo parecido a un vestido... Pensó en mostrarle cómo se encogían las perneras, pero no se atrevió a tanto.

Durante ese rato, los tres intercambiaron risotadas.

–¿Imaginas si voy con él al colegio?

–¿Por qué no? Puedes decir que te lo ha dejado un mago.

–Sí, el mago Mot. Luego, muchas chicas de clase querrían conocerte.

–Y el tío Noé. ¿Imaginas si las ovejas le ven con él?

–Lo mismo los corderos le dicen que está guapo.

Antes de irse a la cama, Eva se quitó el traje y se lo devolvió a Mot. Cuando este quiso hacer lo mismo, ella le ofreció:

–Puedes quedártelo. A mí ya no me sirve. Además, tengo otros chándales que me están pequeños. Ven, verás...

De nuevo en la habitación de ella, Mot disfrutó tocando la textura de la ropa. La había gruesa y delgada. Una raspaba, pero otra era suave. Combinaba un montón de colores, formas y dibujos. Y resultaba agradable olerla. Olía a Eva.

Mot acabó cargado con un montón de prendas de Eva. A punto de salir, echó un vistazo a sus estanterías y preguntó:

–¿Cómo es que tienes tantos libros?

–Unos me los compraron mis padres y otros el tío Noé. A mí me gusta mucho leer. Todas las noches leo un rato.

–¿Y son todos diferentes?

–¡Claro! No van a ser iguales...

–¿Me dejas uno?

–Claro... A ver, espera... Este no... Tampoco... ¡Este! A ver si te gusta...

–Mañana te lo devuelvo.

–No hay prisa. Hasta mañana.

Mot subió a su cuarto y dejó sobre una silla la ropa. Luego, acarició el libro sin llegar a abrirlo.

No tenía sueño. La luz de la luna entraba por la ventana de la habitación y hasta él llegaban los chirridos de los grillos y los silbidos de algunas lechuzas. Pero, sobre todo, lo que recordaba era el sonido de la risa de Eva.

Y además estaba el aroma que venía de su ropa. Era como estar en el cuarto de ella, que olía a una suavidad que no había conocido en su mundo. Un olor que le transportaba al espejo, con la mano de Eva a tan pocos centímetros de la de él.

Se arrepintió por no haberse atrevido. Cerró los ojos y las yemas de sus dedos se movieron, encontrando el suave tacto del libro. Lo acarició hasta que le venció el sueño. Antes de dormir, lo guardó bajo la almohada y pensó:

Que era una lástima que sus padres no pudieran estar allí.

Que era una lástima que Eva no hubiera vivido en su mundo de 3333.

Que ese mundo tampoco estaba tan mal, ya que los juegos, la ropa, los libros y las aventuras que se podían vivir eran reales. Bien reales.

17
UN LIBRO DE VERDAD. O TRES

MOT HABÍA EXPLICADO A EVA:

–En el año 3333, la gente no lee libros. La mayoría escucha historias a través del cala o ve con las videogafas las historias que se cuentan. Los que leen lo hacen en una libreta flexible en la que aparecen letras y dibujos. En la misma libreta se pueden ver las páginas de todos los libros.

Por primera vez, Mot abrió un libro de verdad, un libro de papel, con cubiertas de cartón.

Durante un tiempo palpó sus páginas, notando la lisura del papel. Observó los dibujos. Leyó la cubierta y las solapas. Vio el título, los nombres del autor, de la traductora, del ilustrador, el año... ¡Qué antiguo parecía 1999!

Pero no comenzó a leerlo. Se acercó a ver la esfera. Ahora que el sol entraba en el garaje, aumentaría su temperatura, pero lo mismo les pasaba al bidón de gasoil, a la azada o a la regadera. Nada diferenciaba ahora esos objetos de siglos tan distantes, unos tan primitivos y otros tan modernos.

De cerca, la esfera parecía un objeto absurdo, grande e inútil. Su diámetro debía de ser de un metro y medio, calculó Mot. Su superficie parecía menos brillante que en los viclu. Mirando con atención, el chico notó algunos arañazos debidos a su transporte desde la arboleda.

Le parecía mentira que *eso* fuera capaz de navegar por el tiempo y que le hubiera causado tantos problemas. Y tuvo la seguridad de que nunca volvería a funcionar.

Puso la mano sobre ella. Como esperaba, permaneció inmóvil. Ni acercó el oído para comprobar si zumbaba.

Sintió la necesidad de decir que, aunque fuera inútil, esa esfera era suya. Encontró en el suelo un clavo y, con paciencia, sobre una banda de espirales violetas grabó su nombre:

MOT

De pronto se notó ridículo con su traje, que estaba fuera de lugar en ese sitio lleno de polvo, paja, plumas de gallina y cagarrutas de ovejas.

Subió a su cuarto, se quitó el traje y se colocó el chándal. Bajó al cuarto de la chica, se puso el gorro y buscó unos calcetines y unas botas, y las que encontró le estaban demasiado grandes.

Así vestido, se sentó en el porche con la intención de leer el libro. Pero apenas pasó de la primera página. Pensó que algo no funcionaba bien en los trajes del siglo XXI, por lo menos en los de chicas, y fue al encuentro del tío Noé, que vaciaba unos sacos en unas cajas de madera alargadas. Había aprendido que se llamaban «comederos».

–Hola. ¿Qué hace?

–Preparo el pienso.

Era sorprendente: «¡pienso!».

–¿Para los animales?

–Sí.

Al rato, se atrevió a preguntar:

–¿Para que piensen?

–¿Quiénes?

–Los animales, ¿no? ¿Con eso piensan...?

Noé tardó en darse cuenta de la asociación que había hecho Mot y, transcurridos unos segundos, rio a carcajadas. El chico no entendía nada, pero cuando el tío se lo explicó, sonrió y luego dijo:

–Tampoco es necesario que esto lo sepa Eva, ¿verdad?

Mientras comían, Noé habló sobre el trabajo de la finca. Luego, el hombre se fue a descansar y Mot puso la radio. Era como el cala, aunque aquella hablaba a voces.

Eva llegó algo más tarde de la hora habitual. Tenía un regalo para Mot: unos calzoncillos. Hizo el gesto de ponérselo sobre el pantalón y le dijo:

–Pruébatelos. A ver si son tu talla.

El chico no quiso preguntar. Subió a su cuarto y dedujo que esa prenda debía colocarse dentro del pantalón, puesto que el tío Noé no los llevaba visibles. Cuando bajó, dijo:

–Son de mi talla.

–¿Seguro? ¿No quieres que les echemos un vistazo?

–No, no, déjalo...

–Como quieras. Lo que te voy a buscar es algún calzado. Ven.

De nuevo, Mot se encontró aturdido por el aroma dulzón que impregnaba el cuarto de la chica. El espejo estaba oculto en el armario, y soñaba con la posibilidad de que la imagen de los dos estuviera allí congelada.

Eva sacó de debajo de su cama unas cajas de cartón con botas, zapatillas, sandalias... Algunas eran muy pequeñas.

–¿Lo guardas todo?

–Todo no, pero esto me gusta. Algunas las regalo cuando me quedan pequeñas, pero otras... ¿Ves estas? Me las regalaron mis padres un cumpleaños.

Eva le mostró unas sandalias trenzadas de cuero. Mot calculó que Eva debía de tener entonces siete años. Consideró que era un momento adecuado para preguntar:

–Y tus padres, ¿dónde están?

–Murieron.

En el año 3333, los chicos no solían hablar de la muerte. Mot no conocía amigos ni familiares que hubiesen muerto. La gente moría, claro, pero de muy mayor. Supuso que en el caso de Eva las cosas eran distintas, porque ella era una niña.

No se atrevió a preguntar más.

Fue la misma Eva quien explicó:

–Ocurrió hace cuatro años. En un accidente de coche. Un autobús se saltó un *stop* y se lo encontraron de frente. Desde entonces vivo con el tío Noé.

Mot supo que en el siglo XXI, los cuerpos no se podían reparar cuando los accidentes eran graves. Recordó lo peligroso que le había parecido el camión que les adelantó en la carretera, conduciendo a la misma altura y por el mismo lugar que las personas. ¡Muchas cosas tenían que arreglarse en el siglo XXI, entre eso y las guerras! Le pareció mentira que la humanidad hubiera llegado viva hasta el siglo XXXIV.

Cuando Eva se sentó a hacer deberes, Mot se puso a su lado dispuesto a leer su libro. Se dio cuenta de que los calzoncillos eran una prenda necesaria, sobre todo para los chicos.

Comenzó el libro, pero la lectura resultaba fastidiosa para alguien como él, acostumbrado a escuchar historias más que a leerlas. Tuvo la sensación de que se perdía en la maraña de palabras. Preguntó a Eva:

–¿Qué es un «caballero»?

–Un señor.

–¿Con caballo?

–Bueno, con derecho a tener caballo. Se supone que era alguien distinguido.

–¿Y «norteamericano»?

–De América del Norte. En realidad, de un país llamado Estados Unidos.

–Ah. ¿Eso era un país?

–Es un país. ¿En tu siglo no hay Estados Unidos?

–No.

–Vaya. Mejor...

–En mi época, todos los estados están unidos.

–¡Eso sí que está bien! Pero oye: no me dejas trabajar...

–¿Qué haces?

–Matemáticas.

–A ver...

Mot echó un vistazo a su libro de ejercicios. A medida que leía dijo: «87», «425,32», «0,24», «18,23», «27/7»... La muchacha estaba intrigada:

–¿Qué dices?

–Nada. Son las soluciones de los ejercicios.

¡Eva se quedó patidifusa!

–Oye, ¿eso lo haces así, de cabeza?

–Claro, son todo cálculos. Es sencillo.

–¿Sencillo? Yo tengo que hacer todas esas operaciones.

–Y yo.

–¡Pero tú las haces con la cabeza!

–¿Y tú?

–A mano.

–¿Cómo que «a mano»?

–Verás. Así...

Eva explicó a Mot cómo hacía sumas, restas, multiplicaciones y divisiones. Cómo operaba fracciones y calculaba potencias. Él quedó asombrado porque los números tuvieran que escribirse y porque hubiera que dar tantos pasos para hacer una simple división. ¡Estaba pasmado! Tanto que preguntó:

–¿Y eso lo estudiáis en clase?

–Claro. ¿Y tú no?

–No. Eso solo es calcular. Eso no son matemáticas.

–¡Cómo que no! ¿Y qué es entonces? ¿Dibujo?

–Parece más dibujo que matemáticas.

–¿Y tú esto no lo estudias?

–No. Yo con mi equipo estudio Grupos, Combinatoria y Teoría de Juegos.

–¿Eso qué es? ¿No calculas?

–Sí, pero lo hago...

Mot explicó que, a los cinco años, las chicas y chicos del año 3333 se colocan en el Modulador Neuronal, una máquina que configura parte del cerebro para realizar cálculos, de una forma tan rápida como una calculadora.

Eva le escuchó con la boca abierta:

–¡Vaya chulada!

Pero la chica encontró que había por lo menos un fallo en la organización de los estudios en el siglo XXXIV:

–Y si os ponen en el Neuronal para calcular, ¿por qué no os ponen en el coco un diccionario?

–¿Y eso qué es?

–Pues un libro en el que están todas las palabras.

–¿Todas? No puede ser...

El chico quedó asombrado cuando vio un diccionario que le enseñó Eva, dos tomos de letra pequeña, en los que estaban todas las palabras que se utilizaban en el siglo XXI.

Mot, cuando no sabía el significado de algo, se lo preguntaba al cala, pero era la primera vez que tenía conciencia de que hubiera tantas palabras. ¡Y todas tenían su definición!

Además de su libro de lectura, esa noche Mot se llevó a la cama los dos tomos del diccionario. Entre otras, buscó el significado exacto de estas palabras:

Melancolía.

Modulador.

Amistad.

Esperanza.

Enamoramiento.

18

CONTACTOS CON EL EXTERIOR

HABÍAN TRANSCURRIDO más de tres semanas desde la llegada de Mot. Sobre la superficie de la esfera, el chico había añadido dos palabras, de modo que ahora se leía:

ME LLAMO MOT

Nadie se acordaba ya de colocar la alarma de la esfera. Mot, además, cada vez iba menos a visitarla. Se convencía de que el robomano se había asegurado de que no volviera. Por las noches recordaba sus palabras, que sonaban terribles:

«Donde vas no darás guerra a nadie».

Sobre todo, se acordaba de sus padres. Y de Ada y sus compañeros de equipo... Rara era la noche en la que no soñaba con alguno de ellos. Especialmente, era al atardecer cuando se llenaba de nostalgia y sentía deseos de volver a casa.

Mot iba entendiendo cómo funcionaba el mundo del siglo XXI. Por supuesto, se duchaba con agua templada después de ver cómo Eva giraba los dos grifos

al fregar los cacharros. Había descubierto para qué servían las toallas.

Y había aprendido cómo trabajaban el microondas, la radio y la tele. Consideraba el frigorífico el aparato más inteligente, porque hacía el trabajo solo. Los demás necesitaban ayuda de los humanos. Especialmente la lavadora, que le daba un poco de miedo, sobre todo cuando se ponía a girar.

Se había acostumbrado a pasear entre los pollos, los corderos y los conejos. Pero los animales mayores, como las vacas, el burro y los caballos, todavía le daban pánico.

Lo que no podía soportar era la idea de que en el plato hubiera nada que tuviera que ver con un animal, ni de tierra ni de agua. Al comienzo preguntaba si algunas hebras sospechosas eran de pollo, de cordero, de caballo, de salmón...

Eva aprendió a cocinar platos vegetarianos, que muchas veces ella misma comía. Y el tío Noé, que no renunciaba a tomar un filete o un par de huevos con jamón, tenía que soportar la mirada un poco horrorizada de Mot cuando se llevaba la comida a la boca.

De vez en cuando, Mot se sentaba ante la tele. Sabía que a ciertas horas daba programas de noticias, casi siempre tristes o dramáticas. Había mucha violencia en el siglo XXI, y además las máquinas a veces mataban a las personas. Las más peligrosas eran los coches, por lo que podía ver.

Entre la tele, la radio, las revistas y algunos paseos por los alrededores, Mot fue descubriendo cómo era el mundo del siglo veintipico. A veces pensaba en lo que podría contar a sus padres y a los amigos del equipo. Sobre todo a Ada.

La rutina se rompió un sábado, al presentarse por sorpresa algunos amigos de Eva. Llegaron en bicicleta y quedaron sorprendidos al ver a Mot en la puerta.

–¿No está Eva?

–Sí, está dentro.

–¿Y tú quién eres?

–Me llamo Mot.

El chico no entendió las risitas de los amigos de Eva. Cuando llegó esta, hizo las presentaciones:

–Estos son Ainara, Lucas, Bernabé y Kika. Este es Mot. Vive con nosotros desde hace unos días. Es un chico árabe, como veis, y viene en un intercambio de estudiantes para practicar el idioma. Estará con nosotros unas semanas o, bueno, quizá se quede algo más. Parece un poco soso, pero cuando se le conoce es simpático. Es muy listo, y os sorprendería la cantidad de cosas que sabe hacer.

Mot comprendía que Eva no dijera que venía de 3333, pero no entendía sus mentirijillas. Ni la enrevesada charla de los amigos de Eva mientras hablaban de él, porque según el blurk querían decir una cosa y según sus palabras otra:

–Es que, como llevas mucho sin venir a vernos, pensábamos que algo extraño te sucedía.

–Ahora entendemos por qué no venías a visitarnos...

–Claro, hay asuntos más interesantes en los que pensar.

–Sí, a un invitado hay que cuidarle bien, aunque una se olvide de sus amigos de siempre...

A Mot no le había dado tiempo de cerrar la puerta del cobertizo y temía que los amigos de Eva vieran la esfera. Por supuesto, la vieron. Fue Kika, una chica que no podía estar quieta, quien la descubrió al visitar los establos.

–Anda, qué chulada... ¡Eh, chicos! ¿Habéis visto?

Como siempre, Eva tenía explicaciones para todo:

–Es mi tío. En sus ratos libres se dedica a la escultura. Quiere fabricar otra igual para ponerlas a la puerta.

–Qué extraña...

Los visitantes no dieron importancia a la cápsula, pero no perdieron de vista a Mot. Observaban con atención su cabeza, sin un pelo, y sus cejas desnudas de vello. Cuando estaban retirados, no dejaban de cuchichear entre ellos.

Mot estaba callado y nervioso, y Eva comprendía su temor. Sabía que el lunes todo el mundo tendría noticias de que alojaba en casa a un chico insólito. Les parecería raro que no hubiese hablado de él. Eva decidió no invitarlos a merendar y puso excusas para despedirlos:

–Chicos, os tenemos que dejar. Por las tardes doy a Mot clases de idioma. Hoy toca hablar de los adverbios. Si queréis, podéis quedaros y echar una mano a mi tío.

Los amigos se despidieron. Mot estaba temeroso por esa visita inesperada, pero Eva trató de tranquilizarle:

–No te preocupes, hombre. ¿Qué van a pensar? ¿Que eres un marciano?

–Ya, pero han visto la esfera.

–¿Y qué? Yo he visto por ahí, en algún museo, cosas parecidas a esa. No les extrañará nada.

–¿Ah, sí? ¿Esferas viclu? ¿Dónde?

–No, hombre... Me refiero a esculturas raras, pintadas de colores. Ya verás como eso no extraña a nadie.

–¿Y por qué te inventaste lo de que soy árabe?

–Por el color... No pareces de aquí.

–¿Por qué?

–Tu piel es tostada y nosotros somos más blancos. Si paseas por el pueblo, se ve a la legua que eres de fuera. Además, no es usual ver a alguien sin un solo pelo.

–Pues en mi época todos somos más o menos así.

–Puede que en tu época, pero no en la nuestra. Aquí somos... no sé cómo decirte...

–¿Más variados?

–Bueno, no sé... Distintos...

Como Mot suponía, el lunes siguiente, todos en el colegio comentaron la noticia de que Eva tenía un invitado en casa. Por la tarde se lo dijo a Mot, y añadió:

–Y todos quieren conocerte.

–¿A mí?

–Sí, claro. Podrías pensarte lo de pasar un día por allí.

–¿Yo? ¿Ir a tu colegio? No, gracias.

–¿Por qué? Conocerías a gente interesante... Además, no vas a estar toda la vida encerrado. Tienes que salir.

–Es que no voy a estar aquí toda mi vida.

–Bueno, supongo que no... Pero tampoco sé cómo te vas a ir... La esfera no ha dado señales de vida, ¿verdad?

El chico quedó pensativo. Él también había pensado que si la esfera no despertaba no habría manera de regresar a su tiempo. Su amiga intentó ser cuidadosa cuando le dijo:

–Mi tío y yo hemos pensado que quizá tengas que quedarte bastante tiempo. Por nosotros no hay problema, ¿entiendes? Puedes estar aquí hasta que alguien venga a buscarte. No tienes que preocuparte por eso.

¡Cómo no iba a preocuparse!, pensó Mot. Estaba más lejos de casa de lo que había estado nunca nadie. Y no había forma de obtener ayuda, ni de las personas de su tiempo ni de la gente del dos mil y pico.

Por otro lado, ¿quién iba a venir a buscarle? ¿Quién sabía que estaba en ese lugar y en ese tiempo? Solo el

robomano, y no se lo diría a nadie por miedo a que le desconectasen.

Mot no hizo ningún comentario. Había pasado buena parte de la mañana leyendo, y volvió a su libro de papel auténtico con cubiertas de cartón.

Leyó hasta que se puso el sol. Mientras el atardecer le llenaba de tristeza, dos goterones cayeron de sus mejillas.

En la cena, el tío volvió a repetir lo que antes le había dicho Eva. Añadió además:

–Yo trataría de hacer una vida normal, como la de otros chicos de aquí. No puedes estar encerrado en casa. Para empezar, el próximo sábado haremos un viaje. Tengo que ir a Teruel a resolver unos asuntos. Podemos ir juntos.

Mot tuvo miedo de viajar lejos de la esfera, pero comprendió que no servía de nada estar allí esperando. No quiso discutir lo que le decía el tío Noé y les dio las gracias por su hospitalidad.

La noche era tibia e invitaba a sentarse en el porche. Mientras veía las estrellas, Mot pensaba:

Que ningún lugar del Universo era ahora su casa.

Que era el más solitario de los náufragos.

Que no había ninguna nave que le pudiera devolver a su lugar de origen.

Que menos mal que había encontrado a Eva.

19

¡PERO SI YO VIVÍA AQUÍ!

NI EVA NI NOÉ insistieron en que Mot fuera al colegio. Por las mañanas, Mot se levantaba, ayudaba en algunas faenas y se sentaba en el porche. Le había tomado gusto a leer en un libro de verdad, un libro que en su época solo se podía encontrar en los museos.

Estaba un día en el cobertizo, intentando grabar unas palabras en la esfera, cuando entró Noé y tomó de una repisa un instrumento afilado. Lo hizo chasquear dos veces y salió de allí con el aparato en las manos.

El chico le siguió, intrigado, pero no quiso entrar en el establo. Al poco rato, se oyeron unos balidos y el tío Noé salió arrastrando una de las ovejas. Temeroso, Mot vio cómo la conducía hasta una manta extendida en el suelo.

La oveja lanzaba balidos desesperados. Mot estaba aterrorizado al ver cómo Noé hacía chasquear el afilado instrumento junto al animal, que pugnaba por salir corriendo.

Cuando vio el instrumento acercarse al pobre bicho, Mot salió disparado y fue corriendo hacia el tío:

–No. ¡No lo haga!

Noé quedó sorprendido al ver cómo el chico se echaba sobre él y le sujetaba el brazo. La oveja aprovechó para levantarse y salir corriendo. Mot azuzó al animal:

–Huye, huye...

Y al tío:

–Bestia. Usted es un bestia...

Noé, que no comprendía nada, advirtió al chico que iban a hacerse daño los dos y soltó el instrumento sobre la manta. Mot lo agarró y lo lanzó lejos.

–¡No! No quiero que mate a los animales.

–¿Matar? No lo iba a matar. Lo iba a esquilar.

–¿Esquilar?

Con paciencia, Noé explicó al chico cómo se esquilaban las ovejas, para qué servía la lana, cómo se tejía... Al final de la explicación, Mot se sintió avergonzado y pidió disculpas:

–Bueno, lo siento... Es que yo... pensaba...

Tras ver una demostración de cómo se esquilaba una oveja, Mot volvió al cobertizo y siguió escribiendo en la esfera. Después de un buen rato, en las espirales quedó grabado:

ME LLAMO MOT
SOY UN NÁUFRAGO

El chico tocó la esfera y tuvo la certeza de que nunca más volvería a abrirse. No había vuelto a zumbar, y Mot estaba seguro de que las cosas del siglo treinta y pico no funcionaban en el siglo veintipico. Lo mismo que su cala...

Pero esta vez no se sintió triste, aunque supo que, si algún día volvía a su época, no lo haría en ese cacharro inútil.

Por la tarde, cuando regresó Eva celebrando que era viernes y que al día siguiente no tenía que ir al colegio, el tío les encargó que se ocupasen de preparar el coche.

Mot se alarmó. ¡Un coche! ¡Así que el tío y la chica también tenían una máquina asesina!

Eva se dirigió a la parte trasera del cobertizo y quitó la lona a una vieja furgoneta. Mot, que había pasado junto a ella en algunas ocasiones, siempre pensó que era un montón de fardos de paja cubiertos, como otros del cobertizo.

Se alejó un poco cuando ella la abrió, se sentó al volante, la puso a rugir y la condujo despacio hasta la entrada.

Su amiga notó que Mot estaba asustado:

–No te preocupes, hombre, que no muerde.

Al chico le pareció tan primitivo... Esa máquina olía a humo y a aceite quemado y rugía amenazadora. Echó de menos los silenciosos patiflops. Incluso se preguntó si no sería mejor ir en bici, en lugar de ir subidos en esa máquina.

A la hora de la cena, el tío les recordó que al día siguiente irían a Teruel. Según explicó, tenía que hablar con el veterinario. Comerían allí y enseñarían la ciudad al chico.

Mot no estaba atento a sus explicaciones. Seguía pensando en el peligroso viaje en coche y trataba de adivinar qué sería un veterinario, antes de buscar la palabra en el diccionario.

Noé explicó a su sobrina la divertida anécdota del esquileo de la mañana y pronunció una reflexión sorprendente:

–Pues he estado pensando en lo que Mot dice. La verdad es que los animales nos dan leche, huevos y lana y somos unos desagradecidos con ellos. En lo sucesivo, si te parece, vamos a dejar de tomar carne. Yo creo que podemos apañarnos con todo lo demás.

A Mot le pareció que los pelillos del tío eran menos pinchudos.

Mot tardó en dormir. Estaba tan intrigado con el libro que Eva le había prestado que, una vez superadas las dificultades de una historia tan antigua, situada en el mar, estaba deseando saber qué ocurría con JOHN SILVER* y los demás. Así que dedicó mucho tiempo a leer y se durmió con la luz encendida y el libro sobre el pecho.

Por la mañana, le despertaron los ruidos de Eva y Noé.

La chica le esperaba en la cocina, sentada ante un estuche de pinturas especiales. Propuso a Mot:

–¿Te parece que te pinte unas cejas?

–¿Para qué?

–Me parece que así llamarás menos la atención. Y he pensado también en que te lleves esto.

Eva le ofreció un gorro y le pintó unas cejas que a cierta distancia parecían auténticas. Mot se encontró guapo ante el espejo y pensó que así pasaría inadvertido.

Tras desayunar y cargar algunas cosas en la furgoneta, se pusieron en marcha. Mot iba en el asiento trasero, aterrorizado mientras la furgoneta saltaba por el camino de tierra, hasta llegar a la carretera.

Pero al llegar a esta fue peor. Aunque no había baches, los coches iban a toda velocidad. Se adelantaban, se pitaban, se encendían luces... Mot jamás había sentido tanto peligro.

Aunque no solo estaba asustado. Pasado el rato, también se sintió emocionado. Eso era mucho más apasionante que viajar en las esferas, conducir submarinos, guiar excavadoras espaciales o perforar asteroides... sentado en las cabinas, con un entrenador que proponía juegos de mentira.

Al entrar en la ciudad, un montón de coches hacía cola. Suspiró pensando que no había ninguno muy golpeado y que, después de todo, ir en coche no parecía tan peligroso.

Mot ya sabía qué era un veterinario. Noé se fue a verle mientras él y Eva caminaron por la ciudad.

No recordaba haber paseado en compañía de una chica. Ni siquiera con Ada. En su época, los chicos iban en sus patiflops a todas partes y se movían siempre por sitios cerrados.

Mot seguía a Eva como si fuera su sombra. Le aturdía que hubiera tanta gente por la calle y que todo se arrastrase por el suelo: personas, bicicletas, motos, autobuses...

La muchacha le vio tan despistado que le tomó del brazo.

A Mot le gustó. Otros chicos y chicas, e incluso hombres y mujeres mayores, iban también tomados del brazo o de la mano. El mundo del siglo XXI comenzaba a parecerle menos salvaje de lo que había supuesto.

No tenían nada que hacer, así que se sentaron en la terraza de un café y se tomaron un zumo. Eva preguntó:

–¿Estás nervioso?

–No... No sé... Me parece raro estar aquí.

–A mí también. Yo creo que no me acostumbraría a la vida de una ciudad. ¿Cómo son las ciudades de tu tiempo?

Mot habló de las enormes torres de su época, de las esferas de duroplast, del transporte aéreo, de las Fábricas de Diversiones, donde la gente buscaba emociones nuevas...

Eva pensaba que a ella tampoco le gustaría vivir allí. Pero no dijo nada al muchacho.

Pasado un rato, volvieron a caminar. Mot se asombraba de todo. Le gustó no llamar la atención de nadie, vestido con ropas normales, su gorro y las cejas pintadas.

Le sorprendió comprobar que en las tiendas se vendía de todo y que todo era de verdad.

Le sorprendió ver que los coches, aunque fueran pegados a tierra, no se chocaban, y que unos dejaban pasar a otros.

Le sorprendió utilizar dinero de papel y fichas metálicas a las que llamaban «monedas».

Pasaron un rato divertido en una cabina, de la que Mot preguntó el nombre. Trató de retenerlo, «fotomatón», para buscarlo en el diccionario. Era curioso, tanto como las cuatro fotos que se hicieron los dos juntos.

Caminaban por las enrevesadas calles repletas de paseantes cuando, al torcer una esquina, Mot vio una torre de planta cuadrada, recubierta de ladrillo, con almenas en su parte superior. Se quedó pasmado mientras balbuceaba:

–Pero, pero... No puede ser...

Eva vio que su amigo estaba pálido, con los ojos fijos en la torre enmarcada por unas casas de dos plantas.

–¿Qué te ocurre?

–Es imposible... Pero si yo...

–¿Se puede saber qué te pasa?

–¡Pero si yo vivo aquí!

–¿Cómo que vives aquí?

–Sí, te lo juro... Vivo aquí... Quiero decir, más allá...

–¿Pero no dices que vienes de 3333?

–Sí, pero yo vivo al lado. Por allí...

Mot señalaba con el dedo hacia un lugar impreciso que apuntaba hacia una farola. Eva no entendía nada.

El chico corrió, atravesó el arco que había bajo la torre y llegó a una plaza. La observó asombrado mientras Eva, a su lado, no acababa de comprender lo que el chico decía.

–En mi época..., está cubierto con una enorme cúpula de plástico transparente... Claro... es la ciudad antigua... Teruel... Yo vivo por allí... en Nuevo Teruel.

–¿O sea, que tú conoces esto?

–Sí. Bueno, unas cosas sí, otras no. Ese edificio no estaba, ese sí. Por allí se va a otra torre. La vi con mis padres y con mi equipo cuatro o cinco veces.

–Entonces, te han trasladado en el tiempo pero te han dejado cerca de tu casa, ¿no?

–Sí, debe de ser...

Mot no daba crédito a sus ojos al contemplar los edificios. No comprendía cómo las cosas pudieran ser tan iguales y que al mismo tiempo hubieran cambiado tanto.

Eva pensaba que también el tío Noé se iba a quedar asombrado por ese descubrimiento. Dijo a Mot:

–Bueno, pues entonces, no es tanto problema.

–¿Por qué?

–Porque puedes sentarte ahí a esperar que llegue 3333.

–¿Tú eres idiota o qué?

–Je, je... Venga, hombre, no te enfades. Vamos a buscar al tío. Ya verás cuando se entere de esto.

Pero Mot todavía dio una vuelta por los alrededores, diciendo «esto lo recuerdo», «esto no lo recuerdo» o «aquí hay un edificio de cristal azulado»...

En efecto, el tío Noé se quedó sorprendido. Aunque las horas de visita habían acabado, consiguió que les dejaran subir hasta lo alto de la torre de San Martín. Desde lo alto, Mot señaló hacia el este, hacia una arboleda:

–Allí vivía yo. Torre A52. Piso 27. Tercero derecha.

Después de comer, a Mot le flojeaban las piernas. Eran demasiadas impresiones: los ruidos, la gente, la cercanía y al mismo tiempo la distancia de su casa, los coches...

Hizo el viaje de vuelta en silencio, a pesar de que Eva y su tío hicieron lo posible por distraerle.

Una vez en casa, Mot dijo que estaba cansado. Era cierto, pero también era verdad que quería estar solo. Sus anfitriones lo comprendieron y no le molestaron ni cuando dio la hora de cenar.

Tumbado en la cama, mientras el sol se ponía y la noche envolvía la casa, Mot pensó:

Que no había ninguna manera de volver a su época.

Que el maldito robomano le había castigado de una forma terrible.

Que aunque viviera mucho tiempo y muriera muy muy viejo, no lograría recorrer ni una parte pequeña de la distancia que le separaba de su vida anterior.

20
LA RUTINA Y EL TESORO

DESPUÉS DE ESA VISITA A LA CIUDAD, Mot pareció volverse más silencioso y solitario.

Pasaba horas enfrascado en la lectura, aunque a veces, cuando le observaba, Eva se daba cuenta de que tenía la mirada perdida.

El tío Noé estaba preocupado por su salud, porque pensaba que esa no era vida para un chico sano y lleno de energía.

Así que una noche, durante la cena, dijo al muchacho:

–Mot, en este momento me parece que soy algo así como tu padre y tu madre.

Al chico le pareció que eso era más o menos así.

–Estoy pensando que esto no es vida para un muchacho sano y lleno de energía como tú.

A Mot le pareció que eso de la energía no era del todo verdad, pero no dijo nada y el tío siguió:

–Así que esta mañana he estado hablando con los maestros de la escuela. Les he dicho que eres otro sobrino y he pedido que te matriculen en el colegio.

Al muchacho le pareció que Eva y su tío eran unos mentirosos de cuidado, pero que siempre lo hacían por su bien.

–Desde mañana harás vida como un chico de tu edad. Teniendo en cuenta que eres tan listo, me han dicho que te van a matricular en sexto curso. Así que te he hecho dos regalos, para que estés preparado para tu entrada en el colegio.

Mot no vio regalos por ninguna parte, aunque miró a uno y otro lado de la habitación. Noé acabó su charla:

–Así que tienes dos días para prepararte. Eva te contará lo necesario para que no tengas problemas con tus compañeros ni con los estudios. ¿De acuerdo?

Al chico le pareció que no debía oponerse. Después de todo, lo mejor que le podía pasar en ese mundo del siglo veintipico, ya que estaba tan solo, era ser sobrino, más o menos, del tío Noé y primo, o algo así, de Eva. Asintió con la cabeza. Después de todo, conocer a otra gente no estaría del todo mal.

Cuando se dio por acabada la charla, después de la cena, Eva hizo salir a Mot al porche y le mostró sus regalos:

–Esto es para ti.

Apoyados en la pared había una bicicleta reluciente y una mochila de color azul oscuro, parecida a la de Eva.

La bicicleta tenía una pinta estupenda, pero Mot se horrorizó. ¿Montar en ese robot peligrosísimo? ¡Ni hablar!

Pero cuando subió a la cama, antes de leer, Mot cambió de opinión. ¿Acaso no se había quejado siempre de que su vida era aburrida? Ahora tenía la oportunidad de que fuera emocionante.

Así que a la mañana siguiente se dejó enseñar por el tío Noé, que durante unas horas abandonó sus ocupaciones con los animales. Y por la tarde, cuando llegó Eva, fue esta quien siguió con las clases de bicicleta.

A Mot le gustaban más las clases con Eva, así que al día siguiente dijo al tío que no quería interrumpir sus trabajos, y que incluso él le echaría una mano.

Por la tarde, cuando Eva llegaba del colegio, enseñaba a montar a Mot. Sentía escalofríos cuando ella le ponía la mano en la espalda para ayudarle a mantener el equilibrio. O cuando sujetaba su mano en el manillar para mantener firme la rueda. O cuando le daba una palmada en el hombro para felicitarle por haberlo hecho tan bien.

Mot habría querido que aquellas clases durasen siempre. Pero pronto comprendió que era cuestión de dejarse llevar, como con los patiflops.

Dos días después, montaba con cierta destreza, aunque seguía tropezando con todas las piedras que había por el suelo.

Tres días más tarde, lograba conducir y tocar el timbre al mismo tiempo.

Al cuarto día subía, bajaba, frenaba y saludaba con una mano... No se cayó más que una vez.

Y al quinto fue a la escuela.

Temblaba cuando llegó a la zona asfaltada y los coches comenzaron a pasar a su lado. Pero se sentía protegido por Eva, que le decía en todo momento por dónde debía ir.

Lo peor era que Mot se distraía viendo el cabello de Eva flotar al viento. Le encantaba ese cabello tan largo.

Cuando llegó a clase, todo el mundo quiso saber cómo se llamaba, dónde había vivido, si sabía jugar al fútbol, de qué colegio venía, dónde había nacido... A algunas de esas preguntas respondió lo que Eva le había indicado.

Mot vio que, a pesar de tener pelo, los chicos del dos mil y pico eran más o menos como los del tres mil y pico.

Y volvió a casa el primer día, en compañía de Eva, con una mochila llena de libros y algunos deberes.

Durante el viaje comentó con su amiga que el colegio no había estado tan mal. Y mientras cenaban se mostró animado, comentando que lo peor de todo era estar sentado tantas horas en esas sillas tan duras.

Ese día volvió a pensar en sus padres, como siempre. Y recordó que la esfera ya tenía tres inscripciones; la segunda la había completado dos días antes y la última era de la víspera:

ME LLAMO MOT
SOY UN NÁUFRAGO DEL TIEMPO
VENGO DEL AÑO 3333

Por las noches, metido en la cama, Mot alternaba sus recuerdos de Eva con la lectura de su libro. Cada vez le gustaba más leer un libro de verdad, y no escuchar las historias que contaban por cala o proyectaban las videogafas. Leyendo podía ver las palabras. Podía avanzar y retroceder. Podía releer una y otra vez la historia del marino abandonado en la isla desierta por los piratas, cargado con un saquito de pólvora y algunas municiones...

Transcurrió una semana más y Mot se fue acostumbrando a la nueva vida. Se había hecho amigo de Rubén, especialista en bichos de todas las clases y tamaños. A Mot le gustó ver que se conformaba con observarlos, sin causarles daño.

Rubén le propuso un día:

–¿Te vienes conmigo a la charca? Hay renacuajos, ranas, sapos y hasta tritones.

–Tengo que avisar a Eva, para que no se preocupe.

–¿De verdad sois primos? No os parecéis nada.

–Pues ya ves. Somos primos lejanos.

A los chicos de clase les extrañó que no tuviese ningún cabello y estaban intrigados por ello. Mot se acostumbró a soltar pequeñas mentiras sin importancia:

–Me han dicho que fue por una medicina que me dieron de pequeño. Se me cayó el pelo y no me ha vuelto a crecer.

–¿Y de mayor tampoco te crecerá en... en...?

–¿Dónde?

–Ahí.

Mot seguía sin entender por qué todo el mundo le preguntaba por ciertos pelillos en no se sabía qué sitio. ¿Serían tan importantes en el siglo XXI?

Como Eva le había aconsejado, Mot trató de no destacar demasiado en la clase de Matemáticas. Eso sí, bostezaba cuando la profesora ponía ejercicios, porque él sabía los resultados antes de que acabara de escribirlos en la pizarra.

Aunque en lo que Mot se hizo famoso fue en contar historias. Los demás comprobaron que tenía una fantástica imaginación para inventar historias de ciencia ficción, porque los dejaba a todos embobados.

Él comenzaba a contar:

–Había una vez hace mucho un asteroide totalmente recubierto de chocolate. A todos los habitantes de Fundor23 se les hacía la boca agua porque ese asteroide estaba al lado de su planeta. Pero desde hacía muchos años ese planeta carecía de rydon, por lo que sus naves espaciales estaban varadas...

–Oye, ¿qué es el rydon?

–Pues una mezcla de hidrógeno líquido, de rhodio 220 y de platino como catalizador. O sea: combustible.

–Ah, vale. Sigue, sigue...

–En esto que un cometa que pasó cerca del asteroide lo desvió de su órbita, con lo que se dirigió a la estrella. Y todos pensaban: «Ah, el chocolate se va a derretir...».

Los sábados por la tarde, Rubén y otros amigos de Eva iban a visitarlos. Como las tardes eran cada vez más cálidas, tomaban sus bicicletas y hacían varios kilómetros hasta llegar a la orilla del río, en una zona que formaba pequeñas charcas donde solían nadar en verano.

A Mot le daba vergüenza confesar que no sabía nadar. En 3333, el agua era tan valiosa para utilizarla en piscinas que solo las personas ricas podían disfrutar de aguas embalsadas. La mayoría de los ríos estaban canalizados.

Pensó en pedir a Eva que le enseñase a nadar. Pero el tiempo todavía estaba fresco y nadie se tiraba al agua. Rubén solía capturar ranas, que soltaba después de observarlas. Mot aprovechaba para preguntar:

–Oye, ¿tú comes ranas?

–¿Ranas? ¡Puaj, qué asco!

–¿Y pollos?

–Pollos sí, claro que sí.

–Y si no comes ranas, ¿por qué comes pollos?

–Hombre, ¡no es lo mismo!

–¿Por qué?

A partir de ahí, seguía una conversación en la que a Rubén le entraban algunas dudas. Mot estaba convencido de que lo de dejar de comer animales era solo cuestión de tiempo. Un par de siglos o tres, como mucho.

Una noche, mientras estaba a punto de dormir, Mot tuvo una idea. Fue una idea un poco fugaz, así que no se quedó con ella. Era algo relacionado con la esfera y un barco pirata. ¿Qué tendrían que ver una y otra?

Pero la idea se disolvió como se esfuman los sueños.

A Mot le gustaba escribir. Algunos compañeros le habían pedido que pusiera por escrito los cuentos que les contaba, y comenzó a hacerlo en un pequeño cuaderno.

Además, seguía escribiendo en la esfera, que ya parecía muda y fría para siempre. A pesar de la dificultad de utilizar el clavo para grabar las letras, en las espirales añadió una línea más larga, que le costó casi dos horas:

UN ROBOMANO ME HA ENVIADO AQUÍ
EN UNA CÁPSULA TEMPORAL

Como los amigos de Eva iban de vez en cuando a visitar la casa, Mot pidió a Noé que le ayudase a tapar la esfera. No quería que nadie leyera sus inscripciones.

Noé consideró que era una buena idea y la cubrió con la enorme lona que utilizaba para proteger la furgoneta.

Día a día, el tiempo pasaba veloz. Ya hacía nueve semanas que el chico había llegado a la finca. A todos les parecía mentira que hiciera tanto tiempo.

Eva prometió a Mot que le enseñaría a nadar alguna tarde, cuando hiciera un tiempo algo más cálido.

Mot, además de ayudar a Eva a hacer ejercicios de matemáticas, aprendió a cocinar pasta, legumbres y verdura.

Entre los dos se distribuían las tareas de la casa, dejando tiempo libre a Noé, que había decidido ampliar el huerto.

Otra noche, antes de dormir, Mot volvió a dar vueltas a una idea, que ahora tenía que ver con la esfera y una botella. Pero inmediatamente pensó: ¿qué diablos tenían que ver una y otra?

Así que se durmió. Y esa noche, Mot soñó:

Con un barco que llegaba a una isla desierta.

Con un mensaje que daba la localización de un tesoro.

Con una expedición en busca del tesoro.

21
EL ENTIERRO DE LA ESFERA

MOT DABA VUELTAS Y VUELTAS a una idea, pero no conseguía atraparla. En su cabeza se mezclaban náufragos, botellas, marineros, barcos, tesoros, islas desiertas...

Pensó, claro, que todo eso tenía que ver con el libro que estaba leyendo.

Y tenía la impresión de que si acababa de leer el libro encontraría algo que tenía que ver con su problema.

Mientras transcurrían los días, se acostumbraba a su nueva vida. Iba a clase, utilizaba la bici, hablaba por teléfono, daba de comer a los animales...

Claro, que echaba de menos a sus padres. Los echaba mucho de menos, y además imaginaba que estarían muy preocupados por él. También añoraba a Ada, y pensaba que Eva y ella eran bastante parecidas.

Un día, Eva le propuso aprender a montar a caballo.

–¿A caballo? ¡Ni hablar!

Eva ya había aprendido que cuando Mot decía «Ni hablar» quería decir «Me lo pensaré» o «Un poco más adelante».

Así que, de momento, no insistió.

Dos días más tarde, fue Mot el que preguntó:

–¿Y tú crees que podré aprender a montar? ¿No me tirará la yegua al suelo? ¿Ni me morderá?

Mot consiguió acercarse al animal. Acarició sus crines. Aprendió a darle palmadas tranquilizadoras en el cuello. Le acarició el lomo. Y, al final, lo montó.

Era increíble ver el mundo desde lo alto de un caballo.

¡Jamás había soñado vivir una experiencia como esa! Si le vieran sus colegas de equipo, les daría tanta envidia...

Esa primera experiencia fue breve, porque Mot aún tenía mucho miedo. Pero dos días después, preguntó a Eva:

–¿Crees que la yegua tendrá hoy ganas de llevarme?

–¡Claro! Y a los dos también...

El chico no habría podido imaginar que una yegua pudiera llevar a dos personas. Ni que la silla fuera innecesaria. Ni todo lo que sintió después...

Primero subió Mot, que tuvo que guardar el equilibrio sobre la piel suave del animal. Luego, Eva se situó detrás de él. Mot llevaba las riendas y Eva sujetaba las manos del chico. Primero, el paso del animal fue lento, pero poco después, la chica apresuró al animal, que comenzó a trotar:

–¡Vamos, bonita! Un poco más rápido...

A medida que la yegua iba más deprisa, el cuerpo de Eva se pegaba a la espalda del chico. Mot sentía ganas de cerrar los ojos, pero los mantuvo abiertos a pesar del pánico a caerse y a golpearse contra el suelo. Resultaba placentero sentir la brisa en el rostro, las fuertes manos de la chica sujetando las suyas, su cuerpo sobre su espalda...

Mot pensó que habría seguido así toda la vida: galopando, sintiendo el vértigo de la altura, notando el calor y el olor de Eva, soportando el viento en la cara...

Quizá eso era más de lo que nunca se hubiera atrevido a soñar en su mundo aburrido y lleno de artilugios.

Cuando regresaron, el sol se estaba poniendo, pero Eva no quería volver a casa. Condujo al animal hacia la loma, para ver cómo se ponía el sol.

Ninguno dijo una palabra. Vieron cómo el sol desaparecía en el horizonte. Mot, que sentía todavía el cuerpo de Eva a su espalda, comenzó a llorar. Fue un llanto manso, silencioso y lleno de placer.

Mot había notado que Eva tenía pelitos suaves en los brazos, en las piernas, en la cara, en las manos...

Le pidió:

–¿Puedo tocarte el brazo?

–Claro.

Mot acarició su brazo mientras el cielo adquiría un color rosado. El vello le hacía cosquillas en las yemas de los dedos.

No tenía muy claro que fuera tan ventajoso que la gente del 3333 no tuviera ningún pelito.

Cuando volvieron, Mot descendió del caballo y entró en la casa mientras le flaqueaban las piernas. Eva fue a dejar el animal en el establo.

Esa noche, Mot estuvo especialmente silencioso. En su cuarto, volvió a llorar porque sentía dividido su corazón. Por un lado, tenía ganas de regresar a su mundo. Por otro...

Los días transcurrieron.

Además de leer, montar a caballo, pasear en bici y hablar con sus colegas, Mot iba a ver su esfera.

Apartaba la lona, la tocaba, la escuchaba... Y de vez en cuando escribía en su superficie.

Era una tarea paciente, con la punta del clavo, perforando la pintura y llegando a la superficie metálica. Ya había escrito:

ME LLAMO MOT
SOY UN NÁUFRAGO DEL TIEMPO
VENGO DEL AÑO 3333
UN ROBOMANO ME HA ENVIADO AQUÍ
EN UNA CÁPSULA TEMPORAL
ME GUSTARÍA PODER VOLVER A MI CASA,
PERO SE PUEDE SER FELIZ EN ESTE MUNDO

El tío Noé había desechado la idea de vender los corderos y los pollos. Pero no tenía muy claro qué hacer con ellos, porque costaba dinero darles de comer, dinero que no iba a recuperar vendiéndolos. Estaba entusiasmado con la ampliación de su huerto, del que esperaba obtener una buena cosecha llegado el momento.

También Noé y Mot hablaban mucho. El tío le explicaba costumbres sobre los animales y propiedades

de las plantas. El chico le reconoció que era más divertido tener un solo cordero que media docena de robogatos.

Después de la cena, Mot leía. Poco a poco, el libro sobrepasó su mitad. El chico ya tenía más o menos idea de cómo era un barco del siglo XIX y cómo vivía la gente del mar.

Después de unos días de tormentas primaverales, llegó el buen tiempo y Eva invitó a Mot a que fueran a nadar.

«¡Ni hablar!», dijo Mot esa mañana.

Por la tarde se acercaron al río.

Mot jamás había visto a ninguna chica con un bañador de dos piezas. ¡Y se quedó de una pieza! No sabía dónde poner los ojos para que no se notara mucho que estaba colorado.

Eva consiguió que Mot se metiese hasta la cintura y que intentara tumbarse en el agua. Pero esto resultaba demasiado peligroso para Mot. Ni siquiera haciéndole creer que era emocionante consiguió hacer que metiese la cabeza.

Poco a poco, con paciencia, en cuatro o cinco tardes, la chica logró que su amigo lograra relajarse y flotar.

Luego, algunas tardes nadaron juntos. Dentro del agua, Mot se sentía tan pirata como los piratas del libro:

–¡Es maravilloso esto de flotar en el agua!

Fuera del agua, cuando salían, no podía evitar fijarse en cómo las gotas de agua se adherían a la piel de Eva.

Una de esas tardes, como hacía frío, los dos se entretuvieron en lanzar nueces al agua. Mot se fijó en que las nueces primero se hundían, luego ascendían a la superficie y después se perdían arrastradas por la corriente.

Se fijó en ello: se hundían, flotaban y se dejaban arrastrar por la corriente.

Otra vez: hundirse, flotar y perderse en la corriente. Hundirse, flotar y perderse en la corriente.

¡Entonces, le vino la idea!

Había dado vueltas a barcos, botellas, piratas, mensajes, náufragos, capitanes, pólvora, tempestades... No tenía nada claro hasta que descubrió que, al lanzar una nuez al agua, se hunde, después flota y luego se deja llevar por la corriente.

Quedó sorprendido al pensar en lo simple de su idea. Pero no dijo nada a nadie, por si el asunto salía mal.

Esa tarde, nada más volver a casa, destapó la esfera, buscó el clavo y se puso a escribir sobre la superficie:

SI PUEDEN, VENGAN A

No supo cómo seguir. No tenía claros sus sentimientos. Por un lado, le apetecía quedarse, pero por otro...

Mot volvió a casa y subió a su cuarto. La cabeza le bullía, pero se dijo que tenía que intentar esa posibilidad.

A la hora de la cena, Noé y Eva se mostraron extrañados por algunos comentarios del chico:

–Si algún día tengo que irme, quiero que te quedes el cuaderno en que estoy escribiendo los cuentos...

Usted, Noé, podría criar corderos y ovejas para vender la lana, además de productos ecológicos de la granja.

Pero sobre todo les extrañó su deseo:

–Quiero enterrar la esfera.

El tío y la sobrina se miraron y trataron de disuadirle:

–Si nadie la ha visto... Está bien tapada.

–Además, quién sabe si algún día vuelve a funcionar. Tal vez, cuando haga exactamente un año de tu venida.

–No, no. Quiero enterrarla. Lo más profundo posible.

–Pero... ¿y si un día vuelve a zumbar?

–No zumbará. Está muerta. Por eso quiero enterrarla.

Esa noche, Noé y Eva pensaron que Mot estaba demasiado triste, pensando en entierros. Pero a la tarde siguiente, ante la insistencia del chico, fueron al cobertizo, apartaron los fardos de heno y clavaron en el suelo cuatro estacas delimitando un cuadrado de poco más de metro y medio de lado.

La vida siguió su curso y el hoyo se fue haciendo cada día más profundo.

Cuando tenía medio metro de profundidad, Mot pensó que no acabarían nunca. ¡Nadie puede imaginar la cantidad de tierra que sale al hacer un hueco de ese tamaño!

Pero Mot no sentía excesiva prisa.

Después de todo, eso no era más que una posibilidad.

En la granja se siguió haciendo vida normal. Noé compró codornices y patos para vender huevos más exóticos que los de gallina, y compró un libro que explicaba cómo criar champiñones aprovechando el estiércol de los animales.

Mot y Eva siguieron yendo al río y montando a caballo, a veces juntos y a veces por separado.

El chico comprobó que la vida podía ser emocionante si aprendía a disfrutar de emociones sencillas.

Progresaba en la lectura del libro, del que había sobrepasado las dos terceras partes.

Y siguió grabando inscripciones en su esfera:

SI PUEDEN, VENGAN A BUSCARME
ESTOY CERCA DE LA QUE SERÁ MI CASA

Aunque ni Noé ni Eva entendían por qué Mot quería enterrar la esfera, colaboraron con él en todo. El hueco creció: setenta centímetros, noventa, un metro diez, un metro veinte... El chico pensaba que la profundidad óptima era de dos metros. A medida que crecía el hueco, aumentaba el montón de tierra que había junto al cobertizo.

Cuanto más cerca estaba el fin del foso, más inquieto se mostraba Mot. No dejaba de pensar. ¿Y si no debía enterrar la esfera? ¿Y si su idea era una tontería? Después de todo, ¿qué tenían que ver las nueces con las esferas viclu? Nada.

Mot dejó su libro para dedicarse a escribir historias para Eva. Escribía por las tardes, pero también algunas noches.

Noé y Eva, cuando estaban a solas, trataban de entender por qué el chico querría ocultar la esfera:

–¿A ti te ha dicho algo?

–Nada. Imagino que será como enterrar el pasado.

–Pero reconoce que está un poco raro.

–Sí. Además, mira mucho al cielo. ¿Te has fijado?

–Pobrecillo.

Por fin, un sábado llegaron a los dos metros. La víspera, Mot había trazado su última inscripción:

AHORA VIVO EN EL AÑO

Pero no quiso poner el número todavía porque sentía cierto temor, junto con algo parecido a la melancolía.

El domingo, durante el desayuno, Mot estuvo más serio que de costumbre. No había dormido pensando si debía hacer lo que se había propuesto. Pero decidió seguir adelante.

Tío y sobrina pensaron que seguramente le daría pena enterrar la última oportunidad para volver a su época.

A media mañana, Mot escribió el número que indicaba el año, y se detuvo un rato leyendo y volviendo a leer el resto de la inscripción:

ME LLAMO MOT
SOY UN NÁUFRAGO DEL TIEMPO
VENGO DEL AÑO 3333
UN ROBOMANO ME HA ENVIADO AQUÍ
EN UNA CÁPSULA TEMPORAL

ME GUSTARÍA PODER VOLVER A MI CASA,
PERO SE PUEDE SER FELIZ EN ESTE MUNDO
SI PUEDEN, VENGAN A BUSCARME
ESTOY CERCA DE LA QUE SERÁ MI CASA

Poco antes de comer, Mot volvió al cobertizo y añadió:

HOY ES 5 DE MAYO

Luego, dijo a Noé y a Eva que estaba preparado. Taparon la esfera con la lona, ataron esta con unas cuerdas y, entre los tres, la bajaron al fondo del agujero.

Mientras echaban paletadas de tierra, el muchacho recordó la canción pirata que se repetía en varios lugares de su libro:

Quince hombres en el cofre del muerto.
¡Ja! ¡Ja! ¡Ja! ¡Y una botella de ron!
El ron y Satanás se llevaron al resto.
¡Ja! ¡Ja! ¡Ja! ¡Y una botella de ron!

Mot no pudo evitar que las lágrimas resbalaran por sus mejillas. Eva también lloró, cuando le tomó de la mano. Incluso al tío Noé se le pusieron los ojos tiernos.

Por la tarde, Noé acompañó a los chicos a montar a caballo. Luego, dieron un largo paseo por los alrededores para ver cómo se ponía el sol.

A la noche, Mot preparó una cena especial con productos de la huerta: verduras asadas y unas setas con salsa de nata decoradas con huevos de codorniz. La charla fue animada y el chico conoció una rara habilidad de Noé: hacer sombras chinescas con las manos.

En la cama, Mot no podía dormir. Sostuvo el libro abierto por el capítulo seis, titulado *El capitán Silver*. Observó con detalle una ilustración que reproducía el rostro deforme y amenazador del capitán, en cuya oreja colgaba un grueso pendiente.

Tampoco pudo leer, pensando en la esfera. ¿Y si era cierto lo que decían Noé y Eva, que quizá un día esa máquina volviera a la vida? ¿Y si había cometido un tremendo error metiéndola bajo tierra?

¿Cómo sería su vida si no hubiera tomado esa decisión?

Aunque nada era seguro... Quizá era una de las emociones de la vida: no estar seguro de nada.

Sabía que podía estar muy equivocado, pero también que en su gesto de enterrar la esfera había un débil rayo de luz.

Cuando se rindió al cansancio soñó:

Que era un jinete cabalgando por la pradera.

Que Eva galopaba a su lado, sonriéndole, sonriéndole y saludándole con la mano.

Que...

22
LOS VISITANTES

DEBÍAN DE SER como las cuatro de la madrugada.

Las ovejas y los corderos comenzaron a balar. Los caballos relincharon y las vacas dieron larguísimos mugidos. El burro rebuznó en varias ocasiones, y las gallinas y codornices cacarearon y armaron un gran revuelo.

Los únicos bichos que se callaron fueron los grillos.

Con el alboroto, Noé fue el primero que despertó. Se puso la bata sobre el pijama y se asomó a la ventana.

Lo que vio le dejó paralizado.

Después se levantó Eva y preguntó a su tío qué ocurría. Este, sin poder hablar, alzó el visillo y señaló con el dedo...

Eva también quedó asombrada.

Pero a los pocos segundos salió disparada hacia la habitación de Mot, gritando:

–¡Mot! ¡Mot!

Mot, que no había escuchado nada de la algarabía, despertó pensando en lo corta que había sido esa noche. Solo al ver que era noche cerrada y al entrar Eva alarmada en su habitación, se dio cuenta de que algo grave sucedía:

–¿Qué pasa?

–¡Baja! ¡Baja! ¡Ha ocurrido algo!

Sin saber aún si estaba dentro de su sueño, Mot se restregó los ojos, tanteó hasta encontrar las zapatillas, se puso la bata que la chica le ofrecía y caminó hacia el piso de abajo.

El salón estaba con las luces apagadas. En la penumbra, vio a Noé junto a la ventana. El tío temblaba.

Mot se asomó.

Y lo que vio le paralizó el corazón.

A pocos metros de la entrada, una gran esfera fosforescente relucía en mitad de la noche. Debía de tener cuatro metros de diámetro y flotaba a un par de pies sobre el suelo.

La luz que desprendía teñía de un extraño color amoratado la valla y el camino de la entrada.

En mitad de la noche, parecía un ojo fantasma. Su superficie violácea estaba recorrida por espirales negras.

Mot comprendió.

Y se dio cuenta de que las esferas viclu y las nueces tienen en común mucho más de lo que la mayoría de la gente pudiera imaginar... Gritó:

–¡Han llegado! ¡Han llegado!

Mot abrió la puerta de la casa y salió al porche. Percibió entonces que la esfera producía un zumbido intermitente.

Saludó con la mano, aunque tuvo dudas acerca de si en esa máquina habría alguien. ¿Venían a buscarle? ¿Le estarían solo enviando un aviso?

¿O sería alguna treta del robomano?

Mot comenzó a acercarse a ella. Eva salió y le advirtió:

–Mot, por favor, ten cuidado.

El chico hizo un gesto, sin volverse, indicando que se quedara allí. Noé salió y sujetó por los hombros a su sobrina. Mot se detuvo a la puerta de la verja.

La alarma de los animales no había cesado. Mot se sobresaltó cuando una bandada de pájaros salió espantada de un árbol próximo. A ese estrépito se surnó un ruido que venía del interior de su cabeza:

–¿Eres Mot?

¡El cala! El cala volvía a funcionar. ¡Ya se había olvidado de él! Pero la voz llegaba clara a su oído:

–¿Tú eres Mot?

–S... sí.

De repente, la esfera dejó de brillar y durante unos instantes pareció que se había esfumado. Pero cuando los ojos se acostumbraron a la oscuridad, el chico, Eva y Noé pudieron ver que la cápsula era semejante a la que horas antes habían enterrado. Pero mucho más grande.

Entonces sonó un «fiuuu».

Y la esfera se abrió por la mitad.

Al poco, se posó suavemente en el suelo. Mot temió que volcase, aunque era como si unas patas invisibles la mantuvieran equilibrada. La máquina seguía produciendo un zumbido intermitente. La mayoría de los animales dejaron de quejarse; solo del gallinero venía algún alboroto.

De repente, se vieron tres siluetas humanas.

Al interior de su oído llegó una voz que dijo:

–Hemos venido a por ti. Sube.

En un segundo, el cerebro de Mot se vio invadido por una catarata de imágenes: sus padres, su casa, su tiempo, Ada, su equipo, los patiflops, su vida anterior... Todo estaba ahora al alcance de la mano. ¡En pocos minutos, volvería a su época!

Sintió ganas de abrir la verja y dirigirse hacia la esfera, pero se contuvo. Miró un segundo hacia atrás y vio al tío Noé abrazando a Eva. No se habían movido del porche.

En ese instante, su corazón se sintió inundado por una catarata de sentimientos: los proyectos de la granja, los paseos a caballo con Eva, los atardeceres en la loma...

Mot dijo:

–No.

–Pero hemos venido a buscarte...

–No. Aún no. No puedo irme así. Esperad un poco.

–No podemos. Solo podemos estar cinco minutos.

«¡Cinco minutos!», pensó Mot. ¡Había estado meses esperando y ahora solo le concedían cinco minutos!

La conversación entre Mot y la figura humana se había realizado mediante el cala, con lo que Eva y Noé no tuvieron idea de qué ocurría. Mot volvió y explicó:

–Han venido a buscarme. Solo tengo cinco minutos. Solo cinco minutos... Me tengo que ir y no sé... Solo tenemos cinco minutos para despedirnos.

Eva y el tío estallaron en un grito de alegría.

–¡Enhorabuena, Mot!

–¡Qué bien! ¡Estarás contento...!

«¿Contento?», pensó Mot. No, no lo estaba. Por fin llegaba lo que tantas veces había soñado, pero no estaba contento con tener tan poco tiempo para despedirse.

Él había soñado otra cosa... Otra despedida...

Y ni siquiera una despedida...

El chico se echó a llorar mientras se abrazaba a las personas con quienes había vivido esos meses. Su garganta estaba atascada y no le salían las palabras:

–Os quiero... No sé si deseo irme... He estado con vosotros... Os quiero...

–Nosotros también, pero tienes que irte.

–No nos olvides, Mot. Siempre te recordaremos...

A través del cala le llegó una voz imperativa:

–Deprisa, Mot. No tenemos tiempo... La esfera no es estable en esta época. Dentro de poco se cerrará.

–Un minuto, por favor. Ya voy...

El tío se soltó del chico y le dijo:

–Debes irte. El tiempo se agota.

–Pero, pero... Os quiero...

Mot salió corriendo hacia la verja mirando alternativamente hacia delante y hacia atrás. La puerta se abrió con un chirrido. Poco antes, se volvió y dijo:

–Además, todavía no he terminado el libro...

–Espera –dijo Eva, que salió corriendo hacia el interior de la casa, subió a la habitación, encendió la luz, tomó el libro, se entretuvo unos segundos en el salón y salió de nuevo hasta la puerta de la finca.

Allí, entregó a Mot el libro y le dio un último abrazo y un beso en los labios. El chico acercó su mano al rostro de la muchacha y sintió en las yemas de los dedos el vello suave de su cara.

–Adiós, Mot.

–Adiós, Eva. Te quiero.

–Yo también. No te olvidaré.

–Ni yo.

A un metro de la esfera, una luz lo rodeó y Mot se elevó en el aire. Luego, se colocó junto a la figura humana. Sus siluetas desaparecieron. Se oyó un «fiuum» y la esfera se cerró.

Las zonas violetas de la esfera se iluminaron con una luz suave que se fue volviendo más intensa. Noé y Eva tuvieron que cubrirse los ojos cuando el brillo se hizo insoportable, al tiempo que arreciaban los gritos de los animales.

Y de pronto, sin un solo zumbido, la luz desapareció y la noche volvió a ser tan oscura como antes.

El tío y su sobrina se abrazaron emocionados. Noé percibió los hipos de Eva y trató de consolarla:

–Es lo mejor para él. Tiene que volver a su tiempo. Allí le esperan otras personas que le quieren.

Pasaron unos largos minutos hasta que la chica pudo reponerse y decir:

–Sí, es lo mejor. Pero le echaremos de menos.

Pasaron al salón, desvelados. Allí, se sentaron un rato ante una taza de leche caliente. Eva tomó la tira de fotos que se habían hecho en Teruel y la puso encima de la mesa. Estaba rasgada por la parte superior y faltaban dos de ellas.

–No entiendo cómo han podido saber que estaba aquí. Y precisamente después de enterrar la esfera.

Noé se quedó pensativo y en su rostro se formó una luminosa sonrisa. Explicó a su sobrina:

–Creo que lo sé. Ese chico es listo. Cuando enterró la esfera, hizo como los náufragos: lanzar un mensaje en una botella, pero a través del tiempo. Ahí está, con el lugar, el nombre y la fecha. Alguien la encontrará dentro de mucho tiempo y sabrá que hoy precisamente tenía que volver aquí.

–¿Quieres decir que la esfera estará enterrada hasta el año 3333?

–No lo sé. Tal vez la encuentren mucho antes y no sepan siquiera qué es, pero no la olvidarán. Aunque sabrán que ese chico es un náufrago del tiempo.

–Es verdad... Lo mismo que una botella lanzada al mar con un mensaje.

–Es listo... Es muy listo este Mot.

–¡Pero eso quiere decir que tenemos que cuidar bien la esfera! Si alguien la destruyese antes de tiempo...

–Por lo que parece, no se destruirá. Pero vamos a hacer lo posible por que sea así. Hay que construir un edificio para la granja de aves. Pensaba ponerlo al lado del huerto, pero será sobre el cobertizo. ¡Y tendrá un piso bien sólido!

–¿Crees que ya habrá llegado?

–¿Mot? ¿A su destino? Imagino que sí... Aunque la verdad es que tienen que pasar más de mil trescientos años para que nazca. ¿No te parece curioso?

Noé se despidió. Eva permaneció durante unos minutos observando las fotos de un chico que todavía no había nacido y que fue su amigo durante los últimos meses.

Incluso más que un amigo.

Cuando se fue a la cama, cayó en la cuenta de algo. Despertó a su tío llamando a la puerta de la habitación y entró como un ciclón:

–¡Noé!... ¡Noé!

–¿Qué pasa? ¿Qué ocurre ahora?

–¡Se ha olvidado su traje! ¡No se lo ha llevado!

Noé se tapó con las sábanas. No tenía ganas de más problemas por esa noche.

–Supongo que te lo puedes quedar. Quizá puedas ganarte la vida con él en un circo.

Eva sonrió.

Y pensó en qué estaría haciendo Mot...

... dentro de un montón de años.

23
Esta historia acaba en el año 3333

En el año 3333, los padres son muy parecidos a los del siglo veintitantos. Si sus hijos crecen sin problemas, se sienten tranquilos y felices. Si sus hijos se meten en líos y les dan problemas, se enfadan y les echan regañinas.

Pero si sus hijos están en peligro, se ponen como locos y tratan de buscar una solución.

Cuando los padres de Mot supieron que este había desaparecido, preguntaron a los vecinos, preguntaron al entrenador... Y luego pidieron ayuda a los policibots.

Al principio, los policibots buscaron por la ciudad lanzándose fotos unos a otros y fijándose en los chicos que había en los parques de robojuegos, en las salas de AP...

Cuando no dieron con él, hablaron con los investigadores humanos, que son más listos, y buscaron pistas. Acabaron por enterarse a través de Ada de que Mot había estado viajando por Marte, por Cisne, en un Fuff...

Y dieron con el robomano de las FUD.

Pero el robomano decidió fundirse los fusibles antes de que le capturaran y no dijo una sola palabra.

Entonces pusieron a trabajar a POCO y, buscando aquí y allá, encontraron la noticia de que, doscientos años antes, la esfera de alguien llamado Mot había aparecido en un tiempo que no le correspondía.

En descubrirlo tardaron mucho, y los padres de Mot, como les ocurriría a otros, anduvieron desesperados.

También estaban preocupados la familia, el entrenador, todo el equipo... Y, sobre todo, Ada.

Así que todos se alegraron cuando apareció Mot.

Sobre todo, Ada.

A Mot le castigaron, claro, por viajar por donde no debía. Aunque ya tenía clave, porque dura toda la vida, le prohibieron acercarse a un viclu hasta que cumpliera los diecinueve años, a menos que fuera acompañado por sus padres.

A Mot no le importó demasiado ni ese ni otros castigos, porque había hecho un viaje único. Un viaje que estaba totalmente prohibido.

Ya había acabado de leer el libro, que tenía un final abierto al misterio. Ese libro era un tesoro en 3333. Y para el chico tenía además un valor especial, porque en su interior había encontrado dos pequeñas fotos.

Mot y Ada pasaban mucho tiempo hablando por el cala, aunque casi no utilizaban las videogafas, porque a la chica le gustaba que Mot le contase lo que había vivido:

–¿Que cómo es un caballo? ¡Es fantástico! Grande, cubierto de pelo, con largas crines en el cuello y en la cola... Es un animal bellísimo, que te lleva como en un viaje maravilloso, y montado en él puedes ver árboles, bosques...

A veces, Ada quería saber cómo era Eva:

–¿Y Eva? Nunca me dices cómo es...

Y es que Mot no podía explicarlo.

Tampoco quería.

Eva era especial.

Un tesoro que no quería compartir con nadie.

Como un pirata avaricioso.

FIN

Bici (en realidad, **bicicleta**): Máquina de transporte muy antigua que se mantenía en equilibrio de milagro y que chupaba la fuerza física de las personas a cambio de llevarlas de un lugar a otro. Aunque parezca mentira, hace mucho tiempo había carreras de bicicletas, con personas que se dejaban chupar casi toda la fuerza física para ir a sitios que les importaban un pepino.

Biopila: Fuente de energía. Cápsula con tres clases de bacterias y un regenerador. El funcionamiento es sencillo. Las bacterias A se comen a las B y producen energía eléctrica. Cuando las B han desaparecido, el regenerador comienza a fabricar bacterias C, que devoran a las B produciendo energía eléctrica, y así por muchas generaciones. El proceso continúa con A, B y C hasta que el regenerador muere. El regenerador se alimenta de oxígeno del aire, por lo que las biopilas no funcionan en el espacio. La biopila deja de funcionar cuando las bacterias, hartas de tanta tomadura de pelo, se alían para destruir al regenerador. Pero eso no suele suceder nunca antes de cinco años, que es el tiempo que tardan las bacterias en darse cuenta de lo que ocurre.

Blurk: Lenguaje interestelar. Está basado en una detallada observación de las manos, los labios y, sobre todo, los ojos del interlocutor. Es una evolución del lenguaje de signos que comenzó a utilizarse hace muchos siglos. Se aprende desde que el niño o la niña tiene un año. El blurk permite la comunicación de cualquier persona del mundo, con la sola condición de que una de ellas sepa blurk. Pero hay que decir que casi todas las personas civilizadas lo saben, aunque en situaciones cotidianas manejen su idioma nativo. Se calcula que en 3333 hay 66 lenguas nativas distintas. (*Nota:* entenderse no significa comprenderse).

Cala (Comunicador Automático de Largo Alcance)**:** Dispositivo de comunicación personal que se implanta tras la oreja, en el hueco que forman la mandíbula inferior y el cráneo. Tiene el tamaño de un grano de arroz. Sirve para recibir mensajes instantáneamente en cualquier lugar del Universo, gracias a las vibraciones producidas por las ondas Zascandiles (ondas Z). Hasta los 16 años, chicas y chicos deben conectarse al cala cinco horas diarias, para recibir clases de Ciencias, Lenguaje Intergaláctico y Matemáticas. El patiflop y los cascos de la juerga solo se activan si el usuario ha cumplido esta condición.

Cascos de la juerga: Mecanismo de escasa inteligencia con forma de casco que, adosado al cráneo, causa la risa incontrolada de quien se lo coloca. Produce una doble onda: una eléctrica, que estimula las regiones del cerebro que activan la risa tonta; otra, una onda sonora negativa, que impide que las risotadas del poseedor salgan a más de 20 cm del casco, para impedir el aturdimiento de los que están alrededor. Al comienzo, los cascos de la juerga se hacían del tamaño de la cabeza de los adolescentes, pero cada vez son más los mayores que compran un ingenio de este tipo. Nunca se aconseja llevarlos puestos más de una hora. Pasado este tiempo, el casco se desactiva, para no volver irremediablemente bobo al usuario. Evidentemente, una persona puede utilizar solo *su* casco.

Cocibot: Como su nombre indica, es el cocinero robótico. Los cocibots están en todas las casas, aunque cumplen distintas funciones. Cuando trabajan a máxima potencia, componen los alimentos, los cuecen, los saborizan y los sirven en la mesa. Pero hay casas donde alguien desea cocinar, en cuyo caso el robot solo prepara los alimentos y pone la mesa. También hay casos en los que alguien pone la mesa y el robot se ocupa del resto. La familia puede indicarle qué desean comer y cenar, y el cocibot se encarga de todo. Los cocibots recogen la mesa, pero no friegan los platos. De esto se encargan unos robots de cuarta categoría que no suelen comunicarse con los humanos. Los fabricantes de fregabots han oído quejas de estos, que afirman que los cocibots los tratan como esclavos.

Duroplast: Lámina de rarifén comprimida mediante cascadas de ondas plastoplásticas que forman una película fina, transparente y muy resistente. Existen dos tipos de duroplast, los permeables y los impermeables. Pueden ser de colores.

Entrenador: Robot avanzado que se ocupa de la enseñanza en las escuelas y se hace cargo de un equipo. Hace mucho tiempo que los entrenadores sustituyeron a los maestros, porque estos se cansaban y deprimían mucho con las nuevas generaciones de niños y adolescentes, y los robots son casi incansables. La mayoría de los chicos y chicas que van a una escuela desearían algún día desactivar un entrenador. Pero eso no se ha conseguido nunca (que se sepa).

Equipo: Grupo de personas que realizan una tarea juntas. A veces compiten entre sí equipos situados en lugares muy distintos del mundo. Los estudiantes de 3333 trabajan siempre en equipos, dirigidos por un entrenador que está con ellos 3 horas diarias. (Pasadas 3 horas con adolescentes, el entrenador debe someterse a una revisión psicorrobótica de 2 horas. Además, se ha comprobado que si los adolescentes están más de 3 horas juntos, comienzan a maquinar pillerías).

Esfera: Dispositivo para realizar viajes interestelares, superando la barrera del tiempo. Una esfera puede trasladarse instantáneamente a cualquier lugar del Universo utilizando la energía de un agujero negro del tamaño de un núcleo atómico, atravesando cinco de las nueve dimensiones que tiene el Universo. En realidad, ni los científicos saben cómo funciona, pero el caso es que funciona. Una esfera identifica a un usuario utilizando la voz, el iris del ojo y la forma de la oreja, de modo que no puede ser suplantado. Solo las personas mayores de 18 años pueden utilizar esferas porque, cuando se inventaron, los adolescentes utilizaban las esferas en asuntos poco serios, como acercarse a las singularidades de los grandes agujeros negros y estirar sus cuerpos como espaguetis. Como había que gastar demasiada energía en sacarlos de allí y devolverles la forma original, se les prohibió el uso. Hace 200 años hubo una gran rebelión y los científicos de las FUD se apresuraron a inventar el patiflop y los cascos de la juerga, que al principio fueron recibidos bien por los jóvenes, pero que al cabo del tiempo se convirtieron en nuevos problemas. Quien, a pesar de todo, intenta utilizar mal una esfera, es condenado a no salir del Sistema Solar durante siete años. (Las esferas también se llaman cápsulas viclu, pero esto se considera una pedantería).

FUD: Fábrica Universal de Diversiones. Es la mayor empresa del Universo en el siglo XXXIV. Como la gente vive mucho tiempo y no tiene que trabajar demasiado porque hay robots para todo, uno de los principales problemas es que la gente esté entretenida. Se calcula que el 99,99% de los científicos del Mundo no hace otra cosa que inventar entretenimientos que a veces son bastante aburridos.

Holomadre, holopadre (en general, **holopersona**): Imagen en tres dimensiones de una persona, grabada mediante ondas sonoras y lasécricas. Estas imágenes no pueden superar nunca los 30 centímetros de altura, para que nadie pueda falsificar a una persona auténtica. (En el caso de los animales, este límite no existe, pero solo se pueden holograbar los bichos más pequeños que un gato).

John Silver (su nombre completo es **Long John Silver**): Pirata, personaje de un libro publicado nada menos que en 1883 por Robert Louis Stevenson. Esta novela, cuyo protagonista es un chico llamado Jim, trata de la búsqueda de un tesoro. John Silver representa el mal.

Luz negra: Emisión radioeléctrica que crea oscuridad a su alrededor. En realidad, sirve solo para ocultar cosas. Por ejemplo, las trampas de electrorratones que se dejan en las calles por la noche.

Patiflop: Contracción de «patín flopotizado». Solo los chicos y chicas menores de 16 años pueden manejar un patiflop. Durante muchos años, los adolescentes utilizaron estas máquinas para trepar por las fachadas de las casas, lo que provocó numerosos accidentes. Actualmente, la ley obliga a los fabricantes a que ningún patiflop pueda levantarse más de diez centímetros del suelo.

Rarifén: Ver *Duroplast.*

POCO (Poderoso Ordenador Completamente Organizado): Biorrobot que tiene respuestas a todas las preguntas. Nadie ha visto nunca a POCO, por lo que hay muchas leyendas sobre él. Se dice que surgió de un accidente, en el que el cerebro de una gallina comenzó a crecer y a crecer sin que nadie pudiera impedirlo. Se hizo tan grande como un campo de electrofútbol y alguien pensó en darle alguna utilidad. Pero esto, se insiste, es una leyenda.

Robomano: Mezcla de robot y de humano. Su construcción está prohibida por la ley. Se ha comprobado que nadie ha fabricado nunca un robomano con buenos propósitos. Más bien, sus fabricantes siempre piensan en cosas malas, con lo que unen lo peor del ser humano con lo peor de las máquinas. Fabricar uno está castigado con penas de veinte años de reclusión en el interior de una cápsula de duroplast en una charca de electrocodrilos.

Rome (Robot Médico): Todas las familias tienen un rome doméstico que vive en un cubo de agua, de la que se alimenta. Es una masa parecida a la gelatina que se coloca sobre la tripa del enfermo y que detecta si hay fiebre y la causa de la enfermedad, administrando a través de la piel el remedio correspondiente. En caso de heridas leves, repta hacia el lugar y las cura. En los hospitales hay romes para realizar trabajos serios, como recomponer seres humanos estropeados en algún accidente o sustituir órganos caducados.

Viclu: Ver *Esfera.*

TE CUENTO QUE DAVID NAVARRO...

... de pequeño también sentía la necesidad de vivir nuevas experiencias y escapar del mundo conocido. Como no disponía de ninguna máquina que le permitiera trasladarse lejos en el espacio y en el tiempo, cogía un buen libro y se introducía en él de tal forma que, al terminar, podía dibujar a sus personajes como si los conociera de toda la vida. Ahora está más acostumbrado al mundo en el que vive, pero sus ganas de dibujar y de vivir nuevas historias siguen intactas.

David Navarro nació en 1989 en Sabadell (Barcelona). Estudió Arte Gráfico en la Escuela Joso de Barcelona, donde también realizó varios cursos de cómic y diseño de personajes. Todo esto le ha permitido trabajar como ilustrador en varias editoriales.

Si quieres saber más de David Navarro, visita su blog:

navarroarenas.blogspot.com.es

TE CUENTO QUE A RICARDO GÓMEZ...

... de niño le gustaba leer, aunque también disfrutaba jugando al fútbol, a las chapas, al gua, al triángulo, al bote, al rescate, al pañuelo y a otras muchas cosas que hoy, lamentablemente, están casi olvidadas. Después de dedicarse muchos años a la enseñanza, un día decidió ponerse a escribir. Le gusta viajar y considera que es una lástima que aún no se hayan inventado los viclus. En sus paseos, lleva siempre una cámara fotográfica y una libreta, es fácil imaginar para qué. Ha escrito libros tanto para mayores como para jóvenes, aunque no entiende bien eso de que los libros y los personajes tengan edad. Le encanta perder el tiempo charlando con amigos, viendo cine, conociendo a personas exóticas, escuchando música o caminando por un bosque o una playa. Y piensa que el mundo debería cambiar mucho para hacerlo más habitable, más amable y más justo.

Ricardo Gómez nació en 1954. Tras estudiar y enseñar matemáticas, actualmente se dedica a la literatura. Ha escrito varios libros para jóvenes de todas las edades y ha recibido algunos premios, de los que se siente modestamente orgulloso.